Coleção Segredos da Mente Milionária

COMO DESENVOLVER, TREINAR E USAR SUA MEMÓRIA

WILLIAM WALKER ATKINSON

Coleção Segredos da Mente Milionária

COMO DESENVOLVER, TREINAR E USAR SUA MEMÓRIA

Tradução
Talita Nunes

Principis

Esta é uma publicação Principis, selo exclusivo da Ciranda Cultural
© 2022 Ciranda Cultural Editora e Distribuidora Ltda.

Traduzido do original em inglês *Memory how to develop, train and use it*	Produção editorial Ciranda Cultural
Texto William Walker Atkinson	Diagramação Linea Editora
Editora Michele de Souza Barbosa	Design de capa Ana Dobón
Tradução Talita Nunes	Imagens veronchick_84/shutterstock.com; simpleicon/shutterstock.com;
Revisão Cleusa S. Quadros	MicroOne/shutterstock.com; Marian Salabai/shutterstock.com; StockAppeal/shutterstock.com; Drk_Smith/shutterstock.com

Dados Internacionais de Catalogação na Publicação (CIP) de acordo com ISBD

A875l   Atkinson, William Walker

Como desenvolver, treinar e usar sua memória / William Walker Atkinson; traduzido por Talita Nunes. - Jandira, SP : Principis, 2022.
128 p. ; 15,50cm x 22,60cm. (Segredos da mente milionária)

Título original: Memory How to Develop, Train, and Use It
ISBN: 978-65-5552-609-7

1. Autoajuda. 2. Autoconhecimento. 3. Pensamentos. 4. Saúde. 5. Desenvolvimento. 6. Comportamento. 7. Espiritualidade. I. Nunes, Talita. II. Título. III. Série.

2021-0285   CDD 158.1
                                                                             CDU 159.947

Elaborado por Lucio Feitosa - CRB-8/8803

Índice para catálogo sistemático:
1. Autoajuda : 158.1
2. Autoajuda : 159.947

1ª edição em 2022
www.cirandacultural.com.br
Todos os direitos reservados.
Nenhuma parte desta publicação pode ser reproduzida, arquivada em sistema de busca ou transmitida por qualquer meio, seja ele eletrônico, fotocópia, gravação ou outros, sem prévia autorização do detentor dos direitos, e não pode circular encadernada ou encapada de maneira distinta daquela em que foi publicada, ou sem que as mesmas condições sejam impostas aos compradores subsequentes.

Esta obra reproduz costumes e comportamentos da época em que foi escrita.

Sumário

Qual a importância da memória?...7
Cultivar a memória 13
Célebres casos de memória 19
Sistemas de memória 25
O arquivo de registro subconsciente...31
Atenção 37
Associação 44
Aspectos da memória..51
Treinando o olho 57
Treinando o ouvido 63
Como se lembrar de nomes 69
Como se lembrar de rostos 75
Como se lembrar de lugares 81
Como se lembrar de números...88
Como se lembrar de música..94
Como se lembrar de acontecimentos...99
Como se lembrar de fatos... 104
Como se lembrar de palavras, etc. 110
Como se lembrar de livros, peças, contos, etc. 115
Instruções gerais 123

Qual a importância da memória?

Pouquíssima argumentação se faz necessária para convencer o pensante comum da grande importância da memória; muito embora, ainda assim, poucos comecem a perceber quão importante seja a função da mente relacionada à retenção de impressões mentais. O primeiro pensamento da pessoa comum, quando convidada a considerar a importância da memória, é sobre seu uso em questões da vida cotidiana, ao lado de frases sofisticadas e refinadas, em contraste com os graus menores de seu desenvolvimento. Em suma, geralmente se pensa na memória em seu aspecto de "boa memória", em contraste com o oposto de "memória fraca". Mas há um significado bem mais amplo e completo no termo do que até mesmo esse aspecto importante.

É verdade que o sucesso do indivíduo em seu negócio, profissão, comércio ou outra ocupação do dia a dia depende muito substancialmente da posse de uma boa memória. Seu valor em qualquer caminhada na vida depende, em grande parte, do grau de memória que tenha desenvolvido. A memória para rostos, nomes, fatos, eventos, circunstâncias e outras coisas concernentes ao trabalho diário é a medida de sua habilidade para realizar sua tarefa. E, nas relações sociais de homens e mulheres, a posse de uma memória retentiva, bem fornida de fatos utilizáveis, torna seu possuidor um membro desejável da sociedade. Nas atividades superiores do pensamento, a memória vem como uma ajuda inestimável para o indivíduo pôr em ordem as tropas de fragmentos e seções de conhecimento que possa ter adquirido, e para passá-los em revista diante de suas faculdades cognitivas – deste modo, a alma revê suas posses mentais. Como colocou Alexander Smith: "A verdadeira posse de um homem é sua memória; em nada mais ele é rico; em nada mais ele é pobre". Richter disse: "A memória é o único paraíso do qual não podemos ser expulsos. Conceda-nos somente a memória e nada perderemos com a morte". Segundo Lactâncio, "a memória modera a prosperidade, mitiga a adversidade, controla a juventude e deleita a velhice".

Porém, mesmo os aspectos da memória já citados aqui representam apenas um pequeno segmento de seu círculo completo. A memória é mais do que "uma boa memória", é o meio pelo qual realizamos a maior parte de nosso trabalho mental. Como já disse Bacon: "Todo conhecimento não passa de um relembrar". Emerson falou que "a memória é uma faculdade primária e fundamental, sem a qual nenhuma outra pode funcionar; é o cimento, o betume, a matriz na qual as outras faculdades estão inseridas. Sem ela, toda a vida e todo o pensamento foram uma sucessão sem relação alguma". Como observou Burke: "Não há faculdade da mente que possa levar sua energia a efeito sem que a memória esteja abastecida com ideias para as quais olhar". "A memória", segundo Basile, "é o gabinete da imaginação, o tesouro da razão, o registro da consciência e a câmara do conselho do pensamento". Kant declarou a memória como "a mais maravilhosa das faculdades". A respeito disso, Kay, uma das melhores autoridades no assunto, enunciou: "Se a mente não possuísse o poder de entesourar e recordar suas experiências passadas, nenhum conhecimento de qualquer tipo poderia ser adquirido. Se todo pensamento, sensação ou emoção sumisse por completo da mente no momento em que deixasse de estar presente, seria como se não houvesse existido, e não poderia ser reconhecido ou nomeado caso voltasse a acontecer. Uma pessoa assim não estaria apenas sem conhecimento – sem experiência acumulada do passado –, mas também sem propósito, objetivo ou plano a respeito do futuro, pois esses implicam conhecimento e requerem memória". Kay continua: "Mesmo o movimento voluntário, ou movimento com um propósito, não poderia existir sem memória, pois todos os propósitos a têm envolvida. Não apenas o aprendizado do estudioso, mas a inspiração do poeta, a genialidade do pintor, o heroísmo do guerreiro – tudo depende da memória. Ou melhor, nem mesmo a própria consciência poderia existir sem a memória, pois todo ato de consciência envolve uma mudança de um estado passado para um presente, e, caso o estado passado se dissipasse no momento de sua passagem, não poderia haver consciência de mudança. Portanto, pode-se dizer que a memória está envolvida em toda a existência consciente – uma propriedade de todo ser consciente!".

Na construção do caráter e da individualidade, a memória desempenha um papel importante, pois da força das impressões recebidas e da firmeza com que são retidas dependem a essência do caráter e da individualidade. Nossas experiências são, de fato, os degraus para realizações maiores e, ao mesmo tempo, nossos guias e protetores contra o perigo. Se a memória nos servir bem nesse tocante, seremos poupados da dor de repetir os

"A memória é uma faculdade primária e fundamental, sem a qual nenhuma outra pode funcionar."

erros do passado, e também podemos nos beneficiar lembrando e, assim, evitando os erros dos outros. Como diz Beattie: "Quando a memória é sobrenaturalmente defeituosa, a experiência e o conhecimento serão deficientes na mesma proporção, e a conduta imprudente e a opinião absurda são as consequências necessárias". Bain observa: "Um caráter que detém um domínio inadequado de experiências amargas ou deleites genuínos e é incapaz de reviver após a impressão da época é, na realidade, vítima de uma fraqueza intelectual, sob o disfarce de uma fraqueza moral. Ter constantemente diante de nós uma consideração das coisas que nos afetam que seja fiel à realidade é uma condição preciosa para ter nossa vontade sempre estimulada com uma referência acurada para nossa felicidade. O homem perfeitamente instruído nesse quesito é aquele que carrega consigo, em todos os momentos, a consideração exata do que desfrutou ou sofreu com cada objeto que alguma vez o tenha afetado, e, em caso de confronto, consegue fazer frente ao inimigo de modo tão forte como se estivesse sob a impressão genuína. Uma memória plena e acurada, para o prazer ou para a dor, é a base intelectual tanto da prudência, com respeito a si mesmo, quanto da simpatia, com respeito aos outros".

Portanto, vemos que o cultivo da memória é muito mais do que o cultivo e o desenvolvimento de uma única faculdade mental, é o cultivo e o desenvolvimento de todo nosso ser mental – o desenvolvimento de *nós mesmos*.

Para muitas pessoas, as palavras memória, recordação e lembrança têm o mesmo significado, mas há uma grande diferença na nuance exata do significado de cada termo. Quem estuda este livro deveria fazer a distinção entre eles, pois, ao fazê-lo, será mais capaz de compreender os vários pontos de conselho e instrução aqui dados. Examinemos esses termos.

Locke, em sua célebre obra, *Ensaio acerca do entendimento humano*[1], declarou claramente a diferença entre o significado desses vários termos. Ele diz que a memória é "o poder de reviver em nossa mente aquelas ideias que, após serem impressas, desapareceram, ou parecem ter sido postas de

---
[1] John Locke, *Ensaio acerca do entendimento humano* (São Paulo: Editora Nova Cultural, 1999). (N.T.)

lado, longe da visão. Quando uma ideia novamente se repete, sem a operação do objeto nos sensores externos, isso é *lembrança*. Se for buscada pela mente e, com dor e esforço, encontrada e trazida de novo à vista, isso é *recordação*". Fuller comenta sobre isso: "Memória é o poder de reproduzir na mente impressões ou percepções anteriores. Lembrança e recordação são exercício desse poder, sendo o primeiro involuntário ou espontâneo e o último, volitivo. Nós lembramos porque não podemos evitar, mas recordamos apenas por meio de um esforço positivo. O ato de lembrar, tomado por si só, é involuntário. Em outras palavras, quando a mente se lembra sem ter tentado lembrar, ela age espontaneamente. Assim, pode-se dizer, nos sentidos estritos e contrastados dos dois termos, que nós lembramos por acaso, mas recordamos por intenção; e, se o esforço for bem-sucedido, o que é reproduzido torna-se, pelo próprio esforço de trazê-lo à vida, mais firmemente enraizado na mente do que nunca".

Mas a Nova Psicologia faz uma distinção um pouco diferente da de Locke, vista no último parágrafo. Ela usa a palavra memória não apenas na acepção de "poder de reviver", etc., mas também falando das atividades da mente que tendem a receber e armazenar as várias impressões dos sentidos e das ideias concebidas pela mente, com a finalidade de poderem ser reproduzidas voluntária ou involuntariamente depois disso. A distinção entre lembrança e recordação feita por Locke é adotada como correta pela Nova Psicologia.

Há muito se reconhece que a memória, em todos seus aspectos, é capaz de desenvolvimento, cultivo, treinamento e orientação por meio de exercícios inteligentes. Como qualquer outra faculdade da mente ou de partes físicas, músculos ou membros, ela pode ser melhorada e fortalecida. Mas, até poucos anos, todos os esforços desses desenvolvedores de memória eram direcionados ao fortalecimento daquele aspecto conhecido como "recordação", que, você deve se lembrar, Locke definiu como uma ideia ou impressão "buscada pela mente e, com dor e esforço, encontrada e trazida de novo à vista". A Nova Psicologia vai muito além disso. Ao mesmo tempo que aponta os métodos mais aprimorados e científicos para recordar, ou "re-memorar" as impressões e ideias da memória, ela também instrui o estudioso no uso dos métodos apropriados pelos quais a memória pode ser armazenada com impressões claras e distintas, que, posteriormente, fluirão de forma natural e involuntária para o campo da consciência, quando a mente estiver pensando sobre o assunto ou a linha de pensamento associados; e a qual também pode ser "re-memorada" por um esforço voluntário com muito menos gasto de energia do que sob os métodos e sistemas antigos.

Na presente obra, você verá essa ideia levada a cabo em detalhes, à medida que avançarmos nas várias etapas do assunto. Verá que a primeira coisa a fazer é *encontrar algo para lembrar*; em seguida, imprimir essa coisa clara e distintamente nas placas receptivas da memória; depois, exercitar o relembrar no sentido de trazer à tona os fatos guardados na memória; então, conquistar os métodos científicos para recordar itens especiais da memória que podem ser necessários em algum momento em particular. Esse é o método natural de cultivar a memória, ao contrário dos sistemas artificiais, que serão mencionados em outro capítulo. Não é apenas o desenvolvimento da memória, mas também o desenvolvimento da própria mente, em várias de suas regiões e seus aspectos de atividade. Não é apenas um método de recordação, mas também um método de ver, pensar e lembrar da forma correta. Esse método reconhece a verdade do verso do poeta Alexander Pope, que diz: "Lembrança e reflexão, que aliados! Que tênues divisões separam o sentir do pensar!".

Cultivar a memória

Este livro foi escrito com a intenção e a ideia fundamentais de indicar um método racional e viável pelo qual a memória possa ser desenvolvida, treinada e cultivada. Muitas pessoas parecem ter a impressão de que a memória é concedida pela natureza, com um grau ou possibilidades fixos, e que pouca coisa mais pode ser feita por ela – em suma, que a memória nasce, não é feita. Porém, a falácia de tal ideia é demonstrada pelas investigações e pelos experimentos de todas as principais autoridades, bem como pelos resultados obtidos por pessoas que desenvolveram e cultivaram a própria memória pelo esforço individual, sem a ajuda de um instrutor. Mas todo esse aprimoramento, para ser real, deve ocorrer seguindo certas linhas naturais e estando de acordo com as leis bem estabelecidas da psicologia, em vez de, seguindo linhas artificiais e desrespeitando princípios psicológicos. O cultivo da memória é algo muito diferente de "truque de memória", ou façanhas de prestidigitação mental, se é possível tal termo.

Kay diz: "Que a memória seja capaz de um aprimoramento indefinido, não pode restar dúvida; mas, com respeito aos meios pelos quais esse aprimoramento deve ser efetuado, a humanidade permanece em grande ignorância". Segundo o doutor Noah Porter, "a memória natural, em

"A memória natural, em oposição à artificial, depende das relações de sentido e das relações de pensamento."

oposição à artificial, depende das relações de sentido e das relações de pensamento – a memória espontânea do olho e do ouvido vale-se das conjunções óbvias de objetos fornecidos pelo espaço e pelo tempo, e a memória racional recorre às combinações superiores, que as faculdades racionais acrescentam às inferiores. A memória artificial propõe que as relações naturais e necessárias, sob as quais todos os objetos devem apresentar e organizar a si mesmos, sejam substituídas por um conjunto inteiramente novo de relações puramente arbitrárias e mecânicas, que despertam pouco ou nenhum outro interesse além do despertado para nos ajudar a lembrar. Segue-se que, ao se sobrecarregar com o esforço especial de considerar objetos sob essas relações artificiais, a mente dará menos atenção àqueles que têm para si um interesse direto e legítimo". Granville aponta que "os defeitos da maioria dos métodos já concebidos e empregados para melhorar a memória residem no fato de que, embora sirvam para imprimir na mente determinados assuntos, eles não tornam a memória, como um todo, pronta ou atenta". "Certamente uma arte da memória", diz Fuller, "pode tornar-se mais destrutiva para a memória natural do que os óculos são para os olhos". Essas opiniões das melhores autoridades podem ser multiplicadas de modo indefinido – o consenso da melhor opinião é decididamente contra os sistemas artificiais e a favor dos naturais.

Os sistemas naturais de cultivar a memória baseiam-se na concepção fundamental tão bem expressa por Helvétius, há vários séculos, quando disse: "A extensão da memória depende, primeiro, do uso diário que fazemos dela; segundo, da atenção com que consideramos os objetos que imprimimos nela; e, terceiro, da ordem na qual arranjamos nossas ideias". Esta é, então, a lista dos três elementos essenciais no cultivo da memória: (1) uso e exercício, revisão e prática; (2) atenção e interesse; e (3) associação inteligente.

Você verá que nos tantos capítulos deste livro que tratam dos vários aspectos da memória, nós enfatizamos, no começo, no fim e em todo o tempo, da importância do uso e emprego da memória, na forma de aplicação, exercício, prática e revisão do trabalho. Como qualquer outra faculdade mental ou função física, a memória tenderá a atrofiar-se pelo desuso e, a aumentar, fortalecer-se e desenvolver-se pelo exercício racional e pelo seu emprego dentro dos limites da moderação. Você desenvolve um músculo pelo exercício; você treina qualquer faculdade especial da mente da mesma forma; e deve seguir o mesmo método no caso da memória, se quiser desenvolvê-la. As leis da natureza são constantes e mantêm estreita analogia entre si. Você também perceberá a grande ênfase que colocamos no uso da faculdade da atenção, acompanhada de interesse. Pela atenção, você adquire as impressões que arquiva em seu registro mental de memória. E o grau de atenção regula a profundidade, clareza e força da impressão. Sem um bom registro, você não pode esperar obter uma boa reprodução. Um registro fonográfico ruim resulta em uma reprodução ruim, e a regra se aplica também no caso da memória. Você também notará que explicamos as leis de associação e os princípios que regem o assunto, bem como os métodos pelos quais as associações adequadas podem ser feitas. Cada associação que você solda a uma ideia ou impressão serve como uma referência cruzada no índice, por meio da qual o item é encontrado por lembrança ou recordação, quando necessário. Chamamos sua atenção para o fato de que toda a educação de uma pessoa depende de sua eficácia nessa lei de associação. É a característica mais importante no cultivo racional da memória, ao mesmo tempo que é a derrocada dos sistemas artificiais. As associações naturais educam, ao passo que as artificiais tendem a enfraquecer os poderes da mente, se levadas a qualquer grande extensão.

Não existe um caminho fácil para a memória. O cultivo da memória depende da prática seguindo certas linhas científicas, em concordância com leis psicológicas bem estabelecidas. Aqueles que esperam por um "atalho" certo ficarão desapontados, pois o tal não existe. Como diz Halleck: "O estudante não deve ficar desapontado ao descobrir que memória não é exceção à regra de aprimoramento por meio dos devidos exercícios metódicos e prolongados. Não existe caminho fácil ou atalho para melhoria, quer da mente quer dos músculos. Mas o estudioso que segue as regras estabelecidas pela psicologia pode saber que está caminhando na estrada mais curta, e não vagando sem rumo. Ao usar essas regras, ele avançará muito mais rápido do que os que não têm mapa, bússola ou piloto. Ele encontrará mnemônicos de uso extremamente limitado. O aprimoramento vem por meio de etapas ordenadas. Métodos que deslumbram à primeira vista nunca dão resultados sólidos".

Exortamos o estudante a prestar atenção ao que temos a dizer em outros capítulos do livro sobre os assuntos de atenção e associação. Não é necessário declarar aqui os pormenores que mencionamos lá. O cultivo da atenção é um pré-requisito para uma boa memória, e deficiência nesse tocante significa deficiência não apenas no campo da memória, mas também no campo geral do trabalho mental. Em todos os ramos da Nova Psicologia é encontrada uma repetição constante da injunção para cultivar a faculdade de atenção e concentração. "A nebulosidade da percepção", segundo Halleck, "está na raiz de muitas memórias ruins. Se a percepção for nítida, o primeiro passo foi dado para garantir uma boa memória. Se a primeira impressão for vívida, seu efeito sobre as células cerebrais é mais duradouro. Todas as pessoas devem praticar seu poder de visualizar. Isso reagirá sobre a percepção e a tornará mais definida. A visualização também formará um hábito cerebral de lembrar as coisas pictoricamente e, por conseguinte, com mais exatidão".

O assunto da associação também deve receber sua devida cota de atenção, pois é por meio dela que os registros armazenados na memória podem ser recuperados ou rememorados. Blackie afirma que "nada ajuda tanto a mente quanto ordem e classificação. As classes são poucas, os indivíduos muitos: conhecer bem a classe é saber o que é mais essencial no caráter do indivíduo e o que menos sobrecarrega a memória para ser retido". E, como diz Halleck a respeito do assunto da associação por relação: "Sempre que conseguimos descobrir qualquer relação entre fatos, é muito mais fácil lembrá-los. A lei inteligente da memória pode ser resumida nestas palavras: Esforce-se para ligar cada nova aquisição mental a uma antiga, usando alguma relação de pensamento. Vinculemos fatos novos a outros fatos por relações de similaridade, de causa e efeito, de todo e parte, ou por qualquer relação lógica, e descobriremos que, quando uma ideia nos ocorrer, uma série de ideias relacionadas invadirão à mente. Se desejarmos preparar um discurso ou escrever um artigo sobre qualquer assunto, ilustrações pertinentes surgirão. A pessoa cuja memória é meramente contígua ficará se perguntando como pensamos sobre elas".

Em seu estudo para cultivar a memória, ao lado das linhas apresentadas neste livro, você leu o capítulo anterior e se informou minuciosamente a respeito da importância da memória para o indivíduo, e do grande papel que desempenha em todo o trabalho da mente. Agora, leia atentamente o terceiro capítulo e inteire-se das possibilidades no sentido de cultivar a memória em alto grau, como evidenciado pelos exemplos relacionados de casos extremos de desenvolvimento, lá mencionados. Em seguida, estude o capítulo sobre sistemas de memória e observe que o único método verdadeiro é o natural, que requer trabalho, paciência e prática – então, decida-se a seguir este plano tão longe quanto ele puder levá-lo. Depois, familiarize-se com o segredo da memória – a região subconsciente da mente, na qual os registros são mantidos, armazenados e indexados, e na qual os pequenos auxiliares mentais ocupam-se trabalhando. Isso lhe dará a chave do método. Em seguida, leia os dois capítulos sobre atenção e associação, respectivamente, e tome conhecimento desses princípios importantes. Após isso, estude o capítulo sobre os aspectos da memória e faça um balanço mental de si mesmo, determinando em qual aspecto da memória você é mais forte e em qual precisa de desenvolvimento. Depois, leia os dois sobre como treinar o olho e o ouvido, respectivamente – você precisa dessa instrução. A seguir, leia os vários capítulos sobre o treinamento dos aspectos especiais da memória, quer precise deles quer não – você pode encontrar algo de importante ali. Prossiga lendo o capítulo final, que lhe dá alguns conselhos gerais e instruções de despedida. Em seguida, volte aos capítulos que tratam dos aspectos particulares da memória nos quais você decidiu se desenvolver, estudando os detalhes da instrução cuidadosamente até conhecer cada ponto deles. Então, o mais importante de tudo: *mãos à obra*. O resto é uma questão de praticar, praticar, praticar e repetir. Volte aos capítulos de tempos em tempos e refresque sua mente com relação aos detalhes. Releia cada capítulo periodicamente. Torne este livro o seu livro, em todos os sentidos da palavra, absorvendo-lhe o conteúdo.

Célebres casos de memória

Para que o estudante aprecie a magnífica amplitude de desenvolvimento possível à memória, julgamos aconselhável mencionar uma série de casos célebres, passados e presentes. Ao fazê-lo, não desejamos considerar esses casos dignos de imitação, pois são excepcionais e desnecessários na vida diária. Nós os mencionamos apenas para mostrar o maravilhoso alcance que o desenvolvimento ao longo dessas linhas se faz possível.

Na Índia, durante séculos, os livros sagrados foram guardados na memória e passados de professor para aluno. E, ainda hoje, não é incomum que o estudante seja capaz de repetir, palavra por palavra, de algum trabalho religioso volumoso, de extensão igual ao *Novo Testamento*. Max Muller afirma que todo o texto e o glossário da gramática sânscrita de Panini, iguais à *Bíblia* em extensão, foram transmitidos oralmente durante vários séculos, antes de serem submetidos à escrita. Existem brâmanes, hoje, que decoraram e conseguem repetir à vontade a coleção inteira de poemas religiosos conhecidos como *Mahabarata*, consistindo de mais de 300 mil *slokas,* ou versos. Leland declara que "os menestréis eslavos dos dias atuais sabem de cor, com notável precisão, poemas épicos imensamente longos. Encontrei o mesmo entre os índios algonquinos, cujas sagas ou lendas míticas são intermináveis e, ainda assim, pronunciavam palavra por palavra de modo acurado. Ouvi na Inglaterra de uma senhora de noventa anos de idade cuja memória era miraculosa, e a respeito da qual ouve-se casos extraordinários, narrados por seus amigos. Ela atribuía isso ao fato de, quando jovem, terem lhe feito aprender um versículo da *Bíblia* por dia e, depois, constantemente o repassar. À medida que sua memória se aperfeiçoava, ela aprendia mais, tendo como resultado que, ao final, ela podia repetir de cabeça qualquer versículo ou capítulo de toda a Escritura que lhe fosse pedido".

É relatado que Mitrídates, o rei guerreiro da Antiguidade, sabia o nome de cada soldado de seu grande exército e conversava fluentemente em vinte e dois dialetos. Plínio relata que Cármides conseguia repetir o conteúdo de todos os livros de sua grande biblioteca. Hortênsio, o orador romano, possuía uma memória impressionante, que lhe permitia reter e recordar as palavras exatas do argumento de seu oponente, sem fazer uma única anotação sequer. Em uma aposta, ele compareceu a um grande leilão que durou um dia inteiro e, depois, anunciou na ordem exata todos os objetos vendidos, seu preço e o nome de seu comprador. Conta-se que Sêneca adquiriu a habilidade de memorizar vários milhares de nomes próprios e de repeti-los na ordem em que lhes eram dados, e também de inverter a ordem e pronunciar a lista de trás para frente. Ele também realizou a façanha de ouvir várias centenas de pessoas, cada uma das quais lhe dava um verso, que ele memorizava à medida que seguia o processo; a seguir, ele repetiu cada verso, palavra por palavra, na ordem exata que foram ditos; e depois reverteu o processo, com sucesso total. Eusébio afirmou que a memória de Esdras foi a responsável por salvar as *Escrituras* hebraicas para o mundo, pois, quando os caldeus destruíram os manuscritos, Esdras foi capaz de repeti-las palavra por palavra aos escribas, que então as reproduziram. Os eruditos maometanos são capazes de repetir o texto do *Alcorão* inteiro com precisão em cada letra. Scaliger decorou todo o texto da *Ilíada* e da *Odisseia*, em três semanas. Conta-se que Ben Jonson conseguia repetir todas suas obras de cor, com a maior facilidade.

Bulwer reproduzia as Odes de Horácio de memória. Pascal conseguia repetir a *Bíblia* inteira, do começo ao fim, bem como era capaz de recordar-se de qualquer parágrafo, versículo, linha ou capítulo solicitado. É dito que Landor teria lido um livro uma vez apenas, depois o descartando, tendo-o gravado na memória; e, anos depois, ainda era capaz de recordar-se dele, se necessário. Byron podia recitar todos os poemas que escrevera. Buffon conseguia repetir suas obras do começo ao fim. Bryant possuía a mesma capacidade de repetir as próprias obras. O bispo Saunderson conseguia repetir a maior parte de *Juvenal* e *Perseu*, tudo de Cícero e tudo de Horácio. Fedosova, uma camponesa russa, já passada dos setenta anos de idade, era capaz de repetir mais de 25 mil poemas, canções folclóricas, lendas, contos de fadas, histórias de guerra, etc. O célebre cego Alick Lyon, um idoso mendigo escocês, conseguia repetir qualquer versículo da *Bíblia* que solicitassem, bem como o texto inteiro de todos seus capítulos e livros. Os jornais, há alguns anos, continham relatos de um homem chamado Clark, que morava na cidade de Nova Iorque. Ele dizia ser capaz de falar qual havia sido o voto presidencial exato em cada Estado da união, desde a primeira eleição. Conseguia dizer a população de qualquer cidade do mundo, independentemente do tamanho, atual ou passada, desde que disso houvesse um registro. Ele podia citar Shakespeare por horas a fio, começando em qualquer ponto dado de qualquer peça. Era capaz de recitar o texto inteiro da *Ilíada* no grego original.

O caso histórico do holandês sem nome é conhecido por todos os estudiosos da memória. Conta-se que esse homem conseguia pegar um jornal novo, ler tudo, incluindo os anúncios, e, então, repetir seu conteúdo, palavra por palavra, do começo ao fim. Em uma ocasião, é dito que ele fez o inacreditável do inacreditável: repetiu o conteúdo do jornal de trás para frente, começando com a última palavra e terminando com a primeira. Uma réplica dessa façanha é atribuída a Lyon, o ator inglês, usando um grande jornal de Londres, e incluindo as cotações do mercado, os relatórios dos debates no Parlamento, os horários das ferrovias e os anúncios. Afirma-se que um garçom londrino tenha realizado um feito semelhante, em uma aposta, memorizando e repetindo corretamente o conteúdo de um jornal de oito páginas. Um dos exemplos mais notáveis de extraordinária memória conhecida na história é o do menino Christian Meinecken. Quando tinha menos de quatro anos de idade, ele conseguia repetir a *Bíblia* inteira, duzentos hinos, cinco mil palavras em latim, muito de história, teoria, dogmas e argumentos eclesiásticos e uma quantidade enciclopédica de literatura teológica. É dito que ele retinha praticamente todas as palavras que lhe eram lidas. Seu caso era anormal e ele morreu em tenra idade.

Conta-se que John Stuart Mill, aos três anos, havia adquirido um bom conhecimento de grego e que, aos oito, memorizara Hume, Gibbon e outros historiadores. Pouco depois, ele já dominava e sabia de cor Heródoto, Xenofonte, parte de Sócrates e seis dos *Diálogos* de Platão. É dito que Richard Porson teria memorizado todo o texto de Homero, Horácio, Cícero, Virgílio, Lívio, Shakespeare, Milton e Gibbon. Afirmam que era capaz de memorizar qualquer romance comum com uma única leitura cuidadosa, e que teria feito várias vezes a façanha de memorizar o conteúdo inteiro de alguma revista mensal inglesa. De Rossi era capaz de realizar a seguinte proeza: dado um verso aleatório das obras de qualquer dos quatro grandes poetas italianos, ele falava os cem versos subsequentes. Claro que esse feito exigia a memorização de todas as obras desses poetas e a capacidade de retomar a repetição a partir de qualquer ponto, sendo a última característica tão notável quanto a primeira. Houve casos de operadores de imprensa que eram capazes de repetir, palavra por palavra, livros cujo tipo haviam definido. O professor Lawson conseguia ministrar suas aulas sobre as *Escrituras* sem consultar o livro. Ele afirmava que, se todo o estoque de *Bíblias* fosse destruído, ele poderia restaurar o livro inteiro, de memória.

Conta-se que o reverendo Thomas Fuller conseguiu andar por uma longa rua de Londres, lendo os nomes nas placas de ambos lados, e, em seguida, repetia-os na ordem em que foram vistos e, depois, invertendo a ordem. Há muitos casos registrados de pessoas que memorizaram as palavras de todas as línguas conhecidas da civilização, bem como um grande número de dialetos, idiomas e línguas de raças selvagens. Bossuet memorizou a *Bíblia* inteira, além de Homero, Horácio e Virgílio. Niebuhr, o historiador, foi, certa vez, empregado em um escritório do governo, cujos registros foram destruídos. Ele, então, restaurou todo o conteúdo do livro de registros que havia escrito – tudo de cabeça. Asa Gray sabia o nome de 10 mil plantas. Milton tinha um vocabulário de 20 mil palavras e Shakespeare, um de 25 mil. Diz-se que Cuvier e Agassiz memorizaram listas de vários milhares de espécies e variedades de animais. E Magliabechi, bibliotecário de Florença, sabia a localização de cada volume da grande biblioteca sobre a qual era responsável, e a lista completa das obras ao longo de certos corredores em todas as outras grandes bibliotecas. De certa feita, ele afirmou ser capaz de dizer o título de mais de meio milhão de livros, em várias línguas e sobre muitos assuntos.

 Em quase todas as esferas da vida, podem ser encontradas pessoas com memórias maravilhosamente desenvolvidas ao longo das áreas de sua ocupação particular. Os bibliotecários possuem essa faculdade em um grau incomum. Trabalhadores hábeis nas linhas mais delicadas da manufatura também manifestam uma memória admirável para as miudezas do artigo fabricado, etc. Os funcionários de banco têm uma memória fantástica para nomes e rostos. Alguns advogados conseguem recordar casos citados pelas autoridades, anos depois de lê-los. Talvez os exemplos mais comuns, e ainda assim os mais notáveis, de memorização no trabalho diário de alguém sejam encontrados nos casos da profissão teatral. Em alguns casos, os membros de teatro de repertório devem ser capazes de repetir não apenas as falas da peça em que estão atuando no momento, mas também as da que estão ensaiando para a próxima semana e, possivelmente, as do show da outra semana subsequente. E, nas companhias, é requerido dos atores perfeição minuciosa em uma dúzia ou mais de peças – certamente um feito maravilhoso, porém tão comum que ninguém repara.

Em alguns dos célebres casos, o nível de recordação manifestado é indubitavelmente anormal, mas, na maioria deles, pode-se notar que o resultado foi obtido apenas pelo uso de métodos naturais e exercícios persistentes. O fato de as maravilhas da memória poderem ser alcançadas por qualquer pessoa que dedique paciência, tempo e trabalho à tarefa, é um feito geralmente reconhecido por todos os estudiosos do assunto. Não é um *dom*, mas algo a ser conquistado com esforço e trabalho seguindo linhas científicas.

Sistemas de memória

A matéria de desenvolvimento da memória não é nova de forma alguma. Por dois mil anos, pelo menos, muito se tem pensado sobre o assunto, muitos livros foram escritos sobre isso e muitos métodos ou "sistemas", inventados, cujo propósito tem sido o treinamento artificial da memória. Em vez de se empenhar para desenvolver a memória por meio de treinamento científico, de prática racional e exercícios que seguem linhas naturais, parece ter sempre havido uma ideia de que seria possível melhorar os métodos da natureza e tramar um plano com algum "truque" para ensinar a memória a entregar seus tesouros escondidos. A lei da Associação tem sido usada na maioria desses sistemas, frequentemente em um grau ridículo. Sistemas fantasiosos foram desenvolvidos, inteiramente artificiais em seu caráter e natureza, cujo resultado da utilização em qualquer grande medida calcula-se ser uma diminuição dos poderes naturais de lembrança e recordação, da mesma forma que nas "ajudas" naturais ao sistema físico sempre se encontra uma diminuição das forças naturais. A natureza prefere fazer seu próprio trabalho, sem ajuda. Ela pode ser treinada, conduzida, direcionada e dominada, mas insiste em, ou fazer o trabalho sozinha, ou abandonar a tarefa. O princípio da Associação é importante, fazendo parte do treinamento natural da memória e devendo, por esta razão, ser utilizado. Mas, quando forçado ao serviço em muitos dos sistemas artificiais, o resultado é a construção de um mecanismo mental complexo e antinatural, que não é um aperfeiçoamento dos métodos naturais tanto quanto uma perna de pau não o é do membro original. Existem muitos pontos em alguns desses "sistemas" que podem ser empregados de forma vantajosa no treinamento natural da memória, divorciando-os de suas regras fantasiosas e arranjos complexos. Pedimos a você que passe conosco pela lista dos principais "sistemas", a fim de que descarte o material inútil, reconhecendo-o como tal, e separe o que for valioso para seu próprio uso.

Os antigos gregos gostavam muito de sistemas de memória. Simônides, o poeta grego que viveu por volta de 500 a.C., foi uma das primeiras autoridades nisso, e sua obra influenciou quase todos os muitos sistemas que surgiram desde então. Há uma história romântica ligada à fundação de seu sistema. Conta-se que o poeta esteve presente em um grande banquete no qual compareceram alguns dos principais homens do lugar. Ele foi requisitado, por uma mensagem vinda de casa, e saiu antes do fim da refeição. Pouco após ter partido, o teto do salão de banquetes caiu sobre os convidados, matando todos os presentes e mutilando os corpos de maneira tão terrível, que seus amigos não conseguiram reconhecê-los. Simônides, tendo uma memória bem desenvolvida para lugares e posições, foi capaz de lembrar a ordem exata em que cada convidado estava sentado e, por

Em quase todas as esferas da vida, podem ser encontradas pessoas com memórias maravilhosamente desenvolvidas ao longo das áreas de sua ocupação particular.

conseguinte, pôde auxiliar na identificação dos restos mortais. Esse ocorrido impressionou-o de modo tão forte, que ele delineou um sistema de memória baseado na ideia de posição, que alcançou grande popularidade na Grécia e era altamente recomendado pelos principais autores da época.

O sistema de Simônides baseava-se na ideia de posição, e era conhecido como "sistema de tópico". Seus estudantes eram ensinados a imaginar um grande edifício dividido em seções e, em seguida, em salas, corredores, etc. A coisa a ser lembrada era "visualizada" como ocupando algum determinado espaço ou lugar naquele edifício, sendo o agrupamento feito de acordo com associação e similaridade. Quando alguém desejava trazer as coisas à consciência, todo o necessário era visualizar o edifício mental e, então, fazer uma viagem imaginária de cômodo em cômodo, evocando as várias coisas como foram colocadas. Os gregos tinham esse plano em alta conta, e muitas variações dele foram empregadas. Cícero disse: "Por aqueles que querem melhorar a memória, certos lugares devem ser fixados, e daquelas coisas que desejam manter na memória, símbolos devem ser concebidos na mente e distribuídos, por assim dizer, nesses lugares. Assim, a ordem dos lugares preservaria a ordem das coisas, e os símbolos das coisas denotariam a própria coisa; de modo que devemos usar os lugares como tábuas de cera e os símbolos, como letras". Quintillian aconselha os estudantes a "fixarem na mente lugares da maior extensão possível, diversificados por uma variedade considerável, tal como uma casa grande, por exemplo, dividida em muitos aposentos. Qualquer coisa que seja digna de nota ali será cuidadosamente impressa na mente, de modo que o pensamento possa percorrer todas as partes sem hesitação ou demora [...] Devemos ter lugares, fantasiados ou selecionados, e imagens ou símbolos, que podemos inventar à vontade. Esses símbolos são marcas pelas quais podemos distinguir os pormenores que temos de decorar".

Muitos sistemas modernos foram erigidos sobre a fundação de Simônides e, em alguns desses casos, os estudantes pagaram preços altos "pelo segredo". O esboço a seguir, dado por Kay, dá o "segredo" de muitos dos sistemas caros desta classe: "Selecione um número de quartos e divida as paredes e o piso de cada um, na imaginação, em nove partes iguais, ou quadrados, com três em cada linha. Na parede frontal (oposta à entrada) do primeiro quarto, estão as unidades; na parede do lado direito, as dezenas; no lado esquerdo, as vintenas; na quarta parede, as trintenas; e no piso, as quarentenas. Os números 10, 20, 30 e 40 encontram lugar, cada um, no telhado acima de sua respectiva parede, enquanto o 50 ocupa o centro do cômodo. Um aposento fornecerá 50 lugares, e com dez quartos se chegará a 500. Tendo fixado essas coisas de maneira clara na mente, de modo a ser capaz de pronta e imediatamente dizer com exatidão a posição de cada lugar ou número, é então necessário associar a cada um deles algum objeto familiar (ou símbolo); de forma que, ao sugerir-se um objeto, seu lugar possa ser lembrado instantaneamente, ou que, quando se pensar em um lugar, seu objeto possa brotar na mente de imediato. Quando isso for feito por completo, os objetos poderão ser passados em qualquer ordem, do começo ao fim, ou do fim ao começo, ou se poderá dizer de pronto o lugar de qualquer um deles em particular. A única coisa ainda necessária será associar as ideias que desejamos lembrar aos objetos nos lugares, por meio dos quais elas serão facilmente lembradas e poderão ser examinadas em qualquer ordem. Desta forma, pode-se aprender a repetir várias centenas de palavras ou ideias desconectadas, em qualquer ordem, depois de ouvi-las apenas uma vez". Não consideramos necessário discutir em detalhes o fato de este sistema ser artificial e desajeitado em grande nível. Conquanto o conceito de "posição" possa ser empregado de modo vantajoso em agrupar na memória ideias, palavras ou fatos associados, todavia, o pensamento de se empregar um processo como o relatado em questões ordinárias da vida é ridículo, e qualquer sistema baseado sobre ele tem valor apenas como uma curiosidade ou uma façanha acrobática mental.

    Similar à anterior, está a ideia subjacente a muitos outros "sistemas" e "métodos secretos": a ideia de Contiguidade, na qual as palavras são amarradas juntas por elos de conexão fantasiosos. Feinagle descreve essa ideia ou esse princípio subjacente da seguinte forma: "O rememorar deles é auxiliado pela associação de alguma ideia de relação entre os dois; e, como descobrimos pela experiência que tudo que é jocoso causa uma forte impressão na mente, quanto mais ridícula a associação, melhor". Os sistemas fundamentados nessa ideia podem ser aplicados para repetir uma longa série de palavras desconexas e coisas semelhantes, mas têm pouco valor prático, apesar dos altos preços cobrados por eles. Coisas assim servem apenas como curiosidades ou métodos para realizar "truques" para divertir os amigos. Doutor Kothe, um professor alemão, fundou, em meados do século XIX, essa última escola de treinamento da memória, tendo suas ideias servido de base para muitos professores de "sistemas" ou "métodos secretos" caros desde então. A descrição de Feinagle, mencionada anteriormente, fornece a chave para o princípio empregado. O funcionamento do princípio é realizado pelo emprego de "intermediários" ou "correlativos", como são chamados. Por exemplo, as palavras "chaminé" e "folha" seriam conectadas da seguinte forma: *chaminé* – fumaça – madeira – árvore – *folha*.

Depois, há os sistemas ou métodos baseados no antigo princípio do "alfabeto de figuras", no qual a pessoa é ensinada a lembrar datas associando-as a letras ou palavras. Por exemplo, um dos professores dessa classe de sistemas, queria que seus alunos se recordassem do ano 1480 pela expressão em inglês "BiG RaT", sendo que as maiúsculas representam as figuras na data[2]. Desnecessário comentar!

O estudante descobrirá que quase todos os "sistemas" ou "métodos secretos" postos a venda em "cursos", muitas vezes a um preço exorbitante, são meramente variações, melhorias ou combinações das três formas de métodos artificiais citados até aqui. Novas mudanças estão constantemente sendo trabalhadas em cima desses planos antigos, novas melodias tocadas nos mesmos velhos instrumentos, novas badaladas soando dos mesmos sinos velhos. E o resultado é sempre o mesmo, nesses casos: decepção e desgosto. Existem uns poucos sistemas naturais no mercado, quase todos contendo informações e instruções que os fazem valer o preço pelo qual

---

[2] Para entender o funcionamento desse método, pesquisar pelo livro de Henry H. Fuller, *The Art of Memory* (Minnesota: National Publishing Company, 1898), p. 68, obra em domínio público, mas não publicada em português. (N.T.)

são vendidos. Quanto aos outros... bem, julgue por si mesmo depois de comprá-los, se assim desejar.

Em relação a esses sistemas artificiais e fantasiosos, Kay diz: "Todos esses sistemas para o aprimoramento da memória pertencem ao que consideramos a primeira ou a forma mais baixa da coisa. Eles são, em sua maioria, baseados em associações leves ou tolas, que têm pouco fundamento na natureza e são, portanto, de pouca utilidade prática, e também não tendem a melhorar ou fortalecer a memória como um todo." Bacon diz que esses sistemas são "improdutivos e inúteis", acrescentando: "Pois, uma repetição imediata de uma infinidade de nomes ou palavras logo que foram pronunciadas não ganha minha estima mais do que a dança da corda, posturas bizarras e façanhas de movimento; e, de fato, são quase a mesma coisa, sendo um o abuso das faculdades corporais e o outro, das faculdades mentais. E, embora possa causar admiração, não pode ser altamente estimada". E, como disse outra autoridade: "Os sistemas de mnemônicos, como ensinados, não são melhores do que muletas, úteis para aqueles que não conseguem andar, mas impedimentos e obstáculos para os que podem usufruir de seus membros, e que apenas precisam exercitá-los adequadamente a fim de ter o pleno uso deles".

No presente trabalho, não haverá nenhuma tentativa de ensinar qualquer um desses "sistemas de truques" que o estudante pode executar para a diversão dos amigos. Em vez disso, há apenas o desejo de ajudar a desenvolver o poder de receber impressões, de registrá-las na memória e de reproduzi-las prontamente à vontade, de forma natural e fácil. As linhas da ação mental natural serão seguidas do começo ao fim. A ideia desta obra não é a de ensinar como alguém pode realizar "façanhas" de memória; mas, em vez disso, instruir no uso inteligente e prático da memória nas questões da vida diária e do trabalho.

O arquivo de registro subconsciente

Os antigos escritores sobre o assunto costumavam considerar a memória como uma faculdade separada da mente, mas essa ideia desapareceu diante do avanço da maré de conhecimento, que resultou na aceitação do conceito agora conhecido como Nova Psicologia. Esse novo conceito reconhece a existência de uma vasta região da mente "fora da consciência", tendo um aspecto conhecido como mente subconsciente, ou campo subconsciente de atividades mentais. Nesse campo de mentação, as atividades de memória têm seu lugar. Uma consideração cuidadosa do assunto traz a certeza de que todo o trabalho da memória é realizado nesta região subconsciente da mente. Somente quando o registro subconsciente é retratado para o campo consciente, e resulta em lembrança ou recordação, é que a ideia ou impressão memorizada emerge da região subconsciente. Uma compreensão desse fato simplifica todo o assunto da memória, e nos permite aperfeiçoar planos e métodos pelos quais a memória pode ser desenvolvida, melhorada e treinada, por meio da direção das atividades subconscientes pelo uso das faculdades conscientes e da vontade.

Hering diz que "a memória é uma faculdade não apenas de nossos estados conscientes, mas também, e muito mais, de nossos estados inconscientes." Segundo Kay, "é impossível compreender a verdadeira natureza da memória, ou como treiná-la corretamente, a menos que tenhamos uma concepção clara do fato de que há muitas coisas na mente das quais não temos consciência". Ele segue dizendo que "a forma mais elevada da memória, como de todos os poderes mentais, é o inconsciente – quando o que desejamos recordar vem a nós espontaneamente, sem nenhum pensamento ou busca consciente por ele. Com frequência, quando desejamos recordar algo que esteve anteriormente na mente, somos incapazes de fazê-lo por algum esforço consciente da vontade. Mas, voltamos a atenção para outra coisa e, depois de um tempo, a informação desejada vem espontaneamente, quando não estamos pensando nela de forma consciente". Carpenter aponta para a existência do trabalho "de um mecanismo sob a consciência que, uma vez posto em funcionamento, opera por si só, e que tem mais chance de desenvolver o resultado desejado quando a atividade consciente da mente é exercida em uma direção totalmente diferente".

Essa região subconsciente da mente é o grande arquivo de registro de tudo o que alguma vez já experimentamos, pensamos ou conhecemos. Tudo está registrado ali. Agora, em geral, as melhores autoridades concordam que não existe algo como um esquecimento absoluto, mesmo da impressão mais ínfima, não obstante o fato de que podemos ser incapazes de nos recordar ou de se lembrar dela, devido à fraqueza ou à falta de "indexação" associada. Defende-se que tudo pode ser encontrado naquele arquivo índice subconsciente, se tão somente dermos um jeito de encontrar seu lugar. "Da mesma forma", observa Kay, "acreditamos que toda impressão e todo pensamento que já esteve diante da consciência permanece para sempre impresso na mente. Ele pode nunca mais vir à consciência, mas, sem dúvida, permanecerá naquela vasta região ultraconsciente da mente, inconscientemente moldando e modelando nossos pensamentos e ações subsequentes. Apenas de uma pequena parte do que existe na mente estamos conscientes. Sempre acontece de muito do que se sabe estar na mente existir nela inconscientemente e estar armazenado em algum lugar". Kay prossegue: "Podemos ser capazes de trazê-lo de volta à consciência quando quisermos; mas, em outras ocasiões, a mente está inconsciente de sua existência. Além disso, a experiência de cada indivíduo diz que existe muita coisa em sua mente de que ele nem sempre consegue se recordar quando deseja fazê-lo, muita coisa que só consegue recuperar após uma busca árdua, ou pela qual pode procurar em vão no momento, mas que lhe ocorre depois, quando talvez nem está mais pensando sobre ela. Uma vez mais, muito daquilo que provavelmente nunca seríamos capazes de nos recordar, ou que não nos ocorreria sob circunstâncias normais, nós conseguimos lembrar de ter tido em mente quando é mencionado por outras pessoas. Em tal caso, ainda deve ter permanecido algum traço ou alguma centelha disso na mente, para que pudéssemos reconhecê-lo como já tendo estado lá antes".

Morell diz: "Temos todos os motivos para crer que o poder mental, uma vez evocado, segue a analogia de tudo o que vemos no universo material no fator de sua perpetuidade. Cada esforço isolado da mente é uma criação que jamais pode voltar para a não existência. Ele pode adormecer nas profundezas do esquecimento, como a luz e o calor adormecem nas camadas de carvão, mas está lá, pronto a obedecer ordens, de algum estímulo apropriado, para sair novamente da escuridão, vindo para a luz da consciência". Beattie

A forma mais elevada da memória, como de todos os poderes mentais, é o inconsciente.

comenta que "aquilo que há muito tempo foi esquecido, ou melhor, aquilo de que muitas vezes em vão nos esforçamos para recordar, irá, às vezes, sem um esforço nosso, ocorrer-nos repentinamente e, se é que posso dizer, por conta própria". "A mente frequentemente contém sistemas inteiros de conhecimento que", de acordo com Hamilton, "embora em nosso estado normal possam ter caído no esquecimento absoluto, podem, em certos estados anormais, como loucura, delírio, sonambulismo, catalepsia, etc, explodir na consciência luminosa [...] Há, por exemplo, casos em que a memória extinta de idiomas inteiros foi repentinamente restaurada." Como afirma Lecky, "está agora totalmente estabelecido que uma infinidade de eventos que são esquecidos de forma tão completa, a ponto de nenhum esforço da vontade conseguir revivê-los e que, mesmo quando declarados, não evocam nenhuma reminiscência, podem, no entanto, estar embutidos, por assim dizer, na memória e podem ser reproduzidos com intensa vividez sob certas condições físicas".

Como prova do que acabamos de expor, as autoridades dão muitos exemplos registrados em anais científicos. Coleridge relata o bem conhecido caso da senhora idosa que não sabia ler nem escrever, que, quando em um delírio de febre, recitou incessantemente, em tons muito pomposos, longos trechos do latim, grego e hebraico, com uma enunciação distinta e uma interpretação precisa. Anotações de seus desvarios foram feitas por estenografia e causaram muito assombro, até que, depois, descobriu-se que ela, na juventude, havia trabalhado como empregada na casa de um clérigo que tinha o hábito de andar para cima e para baixo em seu escritório, lendo em voz alta seus escritores clássicos e religiosos favoritos. Nos livros do homem foram encontradas passagens marcadas correspondentes às notas tomadas dos delírios da criada. Sua memória subconsciente havia armazenado os sons daquelas passagens ouvidas na juventude, mas das quais ela não tinha nenhuma lembrança em seu estado normal. Beaufort, descrevendo suas sensações pouco antes de ser resgatado de um afogamento, diz: "Cada incidente de minha vida até ali parecia passar cruzando minha recordação em uma procissão retrógrada, não em uma mera silhueta, mas em uma imagem preenchida com cada insignificância e característica secundária, formando, assim, uma visão panorâmica de toda minha existência".

Kay verdadeiramente observa: "Ao adotar a opinião de que todo pensamento ou impressão que alguma vez esteve de forma consciente diante da mente é sempre retido, obtemos luz sobre muitos fenômenos mentais obscuros e, especialmente, extraímos daí a conclusão da perfectibilidade da memória em uma extensão quase ilimitada. Não podemos duvidar de que, se conseguíssemos penetrar nas profundezas de nossa natureza mental, encontraríamos vestígios de toda impressão que recebemos, todo pensamento que alimentamos e todo ato que praticamos ao longo de nossa vida que passou, cada um deles fazendo sentida sua influência na forma de construir nosso conhecimento presente, ou nos orientar de nossas ações cotidianas. E, se eles persistem na mente, será que não seria possível chamar a maioria deles, senão todos, de volta à consciência quando desejarmos fazê-lo, caso nossa memória ou nosso poder de recordação fossem o que deveriam ser?".

Como já dissemos, essa grande região subconsciente da mente – essa região da memória – pode ser considerada um grande arquivo de registro, com um intrincado sistema de índices e com auxiliares, cujo trabalho é arquivar os registros, indexá-los e encontrá-los quando necessário. Os registros anotam apenas o que imprimimos neles pela atenção, sendo que o grau de profundidade e clareza dependem inteiramente do grau de atenção que conferimos à impressão original. Não podemos jamais esperar que os auxiliares da memória tragam algo de volta que não tenha sido dado para arquivar. A indexação e as referências cruzadas são fornecidas pela associação existente entre as várias impressões. Quanto mais referências cruzadas ou associações conectadas com uma ideia, uma impressão ou um pensamento que é arquivado na memória, maiores são as chances de ser encontrado prontamente quando desejado. Essas duas características de atenção e associação, e as partes que desempenham nos fenômenos da memória, são mencionadas em detalhes em outros capítulos deste livro.

Esses pequenos auxiliares da memória são um bando de camaradas diligentes e dispostos, mas, como todos os garotos, desempenham melhor seu trabalho quando se mantêm na prática. A ociosidade e a falta de exercício fazem com que se tornem preguiçosos e descuidados, e que se esqueçam dos registros sob sua responsabilidade. Um pouco de exercício e trabalho sadios logo lhes tiram as teias do cérebro, e eles saltam avidamente para suas tarefas. Familiarizam-se com o trabalho quando treinam de forma adequada, e logo se tornam muito experientes. Da parte deles, tendem a se lembrar e, quando um determinado registro é pedido com frequência, eles acabam se acostumando com seu lugar e conseguem encontrá-lo sem consultar índice nenhum. Mas seu problema vem de registros apagados e quase ilegíveis, causados por falta de atenção – esses eles dificilmente conseguem decifrar, quando chegam a ser bem-sucedidos em encontrá-los. A falta da devida indexação por associações causa-lhes muita preocupação e trabalho extra, e, algumas vezes, eles são incapazes de localizar os registros por causa dessa negligência. Frequentemente, no entanto, depois de dizerem a você que não conseguiram encontrar nada e de você deixar o local desgostoso, eles continuarão a busca e, horas depois, irão surpreendê-lo, transmitindo-lhe a ideia ou impressão desejada, que encontraram indexada de forma descuidada ou incorretamente arquivada. Nestes capítulos, você será ajudado se mantiver em mente esses pequenos auxiliares do arquivo de registro da memória e o trabalho árduo que têm de fazer por você, muito do qual se torna duplamente penoso pelas vezes em que você é negligente e descuidado. Trate bem esses camaradinhas e eles farão horas extras para você, voluntária e alegremente. Mas precisam de sua ajuda e seu encorajamento, e de uma palavra de louvor e elogio ocasionais.

Atenção

Como vimos nos capítulos anteriores, antes que alguém possa esperar recordar-se ou lembrar-se de algo, essa coisa tem de ter sido impressa nos registros de seu subconsciente, de forma clara e distinta. E o fator central do registro de impressões é aquela qualidade da mente que chamamos de Atenção. Todas as principais autoridades no assunto da memória reconhecem e ensinam o valor da atenção no cultivo e desenvolvimento da memória. Tupper diz: "Memória, a filha da Atenção, é a prolífica mãe da sabedoria". E Lowell: "Atenção é o material de que a Memória é feita, e Memória é Genialidade acumulada". Segundo Hall, "o mais precioso dos hábitos intelectuais está no poder de fixar a atenção". O que, de acordo com Locke, acontece "quando as ideias que se oferecem são percebidas e, por assim dizer, registradas na memória". Stewart afirma que "a permanência da impressão que qualquer coisa deixa na memória é proporcional ao grau de atenção que foi originalmente dada a ela". E Thompson, colocando de outro modo, diz: "As experiências mais permanentemente impressas na consciência são aquelas nas quais uma quantidade maior de atenção foi fixada". Com o que concorda Beattie: "A força com que qualquer coisa atinge a mente é geralmente proporcional ao grau de atenção a ela dispensado.

"Atenção é o material de que a Memória é feita, e Memória é Genialidade acumulada."

A grande arte da memória é a atenção [...] Pessoas desatentas sempre têm memória ruim". Kay comenta: "Os filósofos geralmente defendem que, sem algum grau de atenção, nenhuma impressão de qualquer duração poderia ser feita na mente ou armazenada na memória". E Hamilton completa: "É uma lei da mente que a intensidade da consciência presente determina a vivacidade da memória futura; memória e consciência estão, deste modo, na proporção direta uma da outra. Consciência vívida, memória longa; consciência fraca, memória curta; sem consciência, sem memória [...] Um ato de atenção, que é um ato de concentração, parece, dessa forma, necessário a todo exercício de consciência, assim como uma certa contração da pupila se faz necessária a todo exercício de visão. A atenção, então, é para a consciência o que a contração da pupila é para a visão, ou para o olho da mente o que o microscópio ou telescópio é para o olho corporal. Ela constitui a melhor metade de todo poder intelectual".

Citamos extensamente as autoridades acima com o propósito de causar em sua mente uma impressão acerca da importância deste assunto da Atenção. As regiões subconscientes da mente são os grandes depósitos dos registros mentais das impressões de dentro e de fora. Seus grandes sistemas de arquivamento, registro e indexação dessas anotações constituem o que chamamos de Memória. Mas, antes que qualquer desses trabalhos seja possível, as impressões devem primeiro ter sido recebidas. E, como você pode ver pelas citações que acabamos de dar, essas impressões dependem do poder da atenção dispensada às coisas que causam as impressões. Se tiver sido atribuída grande atenção, haverá impressões claras e profundas; se foi dada apenas uma atenção mediana, haverá apenas impressões medianas; se foi dada somente uma atenção fraca, haverá somente impressões fracas; se não foi dada atenção nenhuma, não haverá registros.

Uma das causas mais comuns de atenção insuficiente pode ser encontrada na falta de interesse. Somos tendentes a nos lembramos das coisas nas quais estamos mais interessados, porque nessa torrente de interesse há um alto grau de atenção manifestada. Um homem pode ter uma memória muito ruim para muitas coisas, mas quando se trata de coisas nas quais seu interesse está envolvido, ele geralmente se lembra dos detalhes mais minuciosos. O que é chamado de atenção involuntária é essa forma da coisa que segue o interesse, a curiosidade ou o desejo – nenhum esforço especial da vontade é requerido nisso. O que é chamado de atenção voluntária é a forma de atenção conferida a objetos não necessariamente interessantes, curiosos ou atraentes – isso requer a aplicação da vontade e é uma marca de um caráter desenvolvido. Todo mundo tem maior ou menor atenção involuntária, enquanto poucos possuem a atenção voluntária desenvolvida. A primeira é instintiva, a segunda só vem com a prática e o treino.

Mas há um ponto importante a ser lembrado: o *interesse pode ser desenvolvido pela atenção voluntária* conferida a um objeto e sobre ele mantida. Coisas que originalmente carecem de interesse suficiente para atrair a atenção involuntária podem desenvolver um interesse secundário, se a voluntária for depositada e mantida nelas. Como observa Halleck sobre este ponto: "Quando se diz que a atenção não se apegará firmemente a algo desinteressante, não devemos nos esquecer de que qualquer pessoa que não seja superficial e volúvel pode logo descobrir algo interessante na maioria dos objetos. Aqui as mentes cultivadas mostram sua superioridade especial, pois a atenção que são capazes de dar geralmente termina encontrando uma pérola na ostra de aparência mais desinteressante. Quando um objeto necessariamente perde o interesse de um ponto de vista, tais mentes descobrem nele novos atributos. A essência da genialidade é apresentar algo velho de maneiras novas, quer seja alguma força da natureza ou algum aspecto da humanidade".

É muito difícil ensinar outra pessoa como cultivar a atenção. Isso se deve ao fato de a coisa toda consistir tão amplamente no uso da vontade, na prática fiel e na dedicação persistente. O primeiro requisito é *a determinação de usar a vontade*. Você tem de argumentar consigo mesmo, até se convencer de que é necessário e desejável que conquiste a arte da atenção voluntária – você precisa se convencer sem qualquer sombra de dúvida razoável. Esse é o primeiro passo, que é mais difícil do que parece à primeira vista. A principal dificuldade nisso reside no fato de que, para fazer a coisa, você precisa pensar de forma ativa e intensa, e a maioria das pessoas é preguiçosa demais para se entregar a tal esforço mental. Tendo dominado esse primeiro passo, em segundo, você deve induzir um forte desejo ardente de dominar a arte da atenção voluntária. Você deve aprender a querer de forma vigorosa. Desse modo, induz uma condição de interesse e atratividade onde antes não existia. Em terceiro e último lugar, você precisa manter sua vontade firme e persistentemente na tarefa, e praticar isso com fidelidade.

Comece voltando sua atenção para algo desinteressante e estudando-lhe os detalhes até ser capaz de descrevê-los. Isso se mostrará muito cansativo no início, mas você deve persistir. Não pratique por tempo demais no início; descanse e tente novamente mais tarde. Você logo descobrirá que vai ficando mais fácil, e que um novo interesse começa a se manifestar na tarefa. Examine este livro para praticar, saiba quantas páginas tem, quantos capítulos, quantas páginas em cada capítulo, os detalhes de tipografia, impressão e encadernação – todas as pequenas coisas sobre ele –, de modo que consiga dar a outra pessoa um relato completo dos menores detalhes sobre o livro. Isso pode parecer desinteressante – e no início será mesmo –, mas um pouco de prática criará um novo interesse pelos detalhes de menor importância, e lhe surpreenderá a quantidade de pequenas coisas que você notará. Esse plano, praticado em muitas coisas nas horas vagas, desenvolverá o poder da atenção e percepção voluntárias em qualquer pessoa, não importa quão deficiente possa ter sido nessas coisas. Se conseguir que outro colega junte-se a você na brincadeira da tarefa, e, então, cada um se esforçar para superar o outro em descobrir detalhes, a tarefa será muito mais fácil e um trabalho melhor será realizado. Comece a notar coisas sobre você, os lugares que visita, as coisas nos quartos, etc. Desse modo, você começará o hábito de "notar as coisas", que é o primeiro requisito para o desenvolvimento da memória.

Halleck dá o seguinte excelente conselho sobre esse assunto: "Olhar para uma coisa de forma inteligente é a mais difícil de todas as artes. A primeira regra para cultivar a percepção acurada é: Não tente perceber a totalidade de um objeto complexo de uma só vez. Pegue o rosto humano como exemplo. Um homem, ocupando uma importante posição para a qual fora eleito, ofendeu muitas pessoas por não conseguir lembrar-se de rostos e, com isso, deixava de reconhecer os indivíduos na segunda vez em que os encontrava. Seu problema estava em olhar para o semblante como um todo. Quando mudou seu método de observação e reparou cuidadosamente no nariz, na boca, nos olhos, no queixo e na cor do cabelo, ele logo começou a achar o reconhecimento mais fácil. Ele não tinha mais dificuldade, confundindo A com B, uma vez que se lembrava de que o formato do nariz de B era diferente, ou que a cor do cabelo do segundo era pelo menos três tons mais clara. Esse exemplo mostra que outra regra pode ser formulada: Preste atenção cuidadosa aos detalhes. Talvez tenham nos pedido para dar uma descrição minuciosa do exterior de uma casa suburbana um tanto notável que vimos recentemente. Respondemos em termos gerais, dando o tamanho e a cor da casa. Talvez tenhamos também uma ideia de parte do material utilizado na construção exterior. Pediram-nos que fôssemos precisos sobre o formato da porta, da varanda, do telhado, das chaminés e das janelas; perguntaram se as janelas são comuns ou circulares, se têm cornijas ou se os enfeites ao redor são do mesmo material do resto da casa. Um amigo, que não poderá ver a casa, deseja saber de modo seguro sobre os ângulos do telhado e qual a disposição das janelas em relação a ele. A menos que consigamos responder a essas perguntas com exatidão, nós somente provocamos nossos amigos ao lhes dizer que vimos a casa. Ver um objeto meramente como uma massa indiscriminada de algo em um certo lugar é não fazer mais do que um burro faz enquanto trota".

Existem três regras gerais que podem ser dadas nessa questão de conferir atenção voluntária no sentido de realmente *ver* as coisas, em vez de meramente olhar para elas. A primeira é: Faça com que você se interesse pela coisa. A segunda: Olhe como se estivesse reparando para repetir os detalhes a um amigo – isso o forçará a tomar conhecimento da coisa. A terceira: Dê ao seu subconsciente um comando mental de notar o que está olhando, diga-lhe: "Aqui, atente-se para isto e lembre-se disto para mim!".

Essa última consiste num "jeitinho" peculiar, que pode ser obtido com um pouco de prática – ele "virá até você" subitamente após algumas tentativas.

Em relação a essa terceira regra pela qual se faz o subconsciente trabalhar para você, Charles Leland tem o seguinte a dizer, embora o use para ilustrar outro ponto: "Da forma como entendo a questão, é uma espécie de impulso ou projeção da vontade em um trabalho que se fará. Posso aqui ilustrar isto com um fato curioso da física. Se o leitor quisesse tocar um sino de porta de modo a produzir o som mais forte possível, ele provavelmente puxaria sua corda de modo a recuá-lo o máximo que pudesse e, em seguida, a soltaria. Mas, se ao soltar a corda, ele simplesmente desse um peteleco com o dedo indicador no sino, isso redobraria o som. Ou, para atirar uma flecha o mais longe possível, não é suficiente *apenas* esticar o arco em sua extensão ou tensão máxima. Se, no momento em que a soltasse, você desse um empurrão rápido no arco, embora com esforço insignificante, a flecha voará quase o dobro da distância que teria percorrido sem isso. Ou, se, como é bem conhecido no manejo de sabre bem afiado, fizermos o corte puxando; ou seja, se ao golpe ou corte, como com um machado, nós também adicionarmos um certo puxão da espada simultaneamente [deslizando no alvo toda a extensão da lâmina], nós conseguiremos cortar um lenço de seda ou uma ovelha. A premeditação (o comando ao subconsciente) é o peteleco no sino, o empurrão no arco, a deslizada do sabre. É a ação deliberada, porém rápida, da mente, quando, antes de descartar o pensamento, pedimos a ela que, por conseguinte, responda. É mais do que simplesmente pensar no que devemos fazer, é ordenar o eu para cumprir uma tarefa antes de querê-lo".

Lembre-se do começo ao fim e sempre, que antes de poder lembrar ou recordar, você deve primeiro *perceber*; e essa percepção só é possível por meio da atenção, e ela responde no mesmo grau da última. Portanto, foi dito como verdade que: "A grande Arte da Memória é a Atenção".

Associação

Nos capítulos anteriores, vimos que, para que uma coisa possa ser lembrada, ela deve ser impressa de modo claro na mente em primeiro lugar, e que, a fim de se obter uma impressão clara, deve haver uma manifestação de atenção. E basta de registro das impressões. Mas, quando chegamos à recordação, rememoração ou relembrança das impressões, somos colocados frente a frente com outra lei importante da memória: a lei da Associação. A associação desempenha um papel análogo à indexação e ao índice de referência cruzada de um livro, de uma biblioteca ou de outro sistema cujo objetivo seja prontamente encontrar algo que foi arquivado ou inserido, de alguma forma, em uma coleção de coisas semelhantes. Como diz Kay: "A fim de que aquilo que está na memória possa ser relembrado ou trazido novamente à consciência, é necessário que seja considerado em conexão, ou em associação, com uma ou mais outras coisas ou ideias; e, como regra, quanto maior o número de outras coisas com as quais ele está associado, maior a chance de ser recordado. Os dois processos estão envolvidos em todo ato de memória. Devemos primeiro imprimir e, então, associar. Sem uma impressão clara ser formada, aquilo que é relembrado será indistinto e impreciso; e, a menos que esteja associado a alguma outra coisa na mente, ele não pode ser relembrado. Se, suponhamos, houvesse na mente uma ideia existindo sozinha, sem conexão com qualquer outra, sua lembrança seria impossível."

Todas as melhores autoridades reconhecem e ensinam a importância dessa lei de associação, em conexão com a memória. Abercrombie diz: "Ao lado do impacto da atenção está a notável influência produzida na memória pela associação". E Carpenter concorda: "O poder de registro da memória depende, principalmente, do grau de atenção que damos à ideia a ser lembrada. O poder de reproduzi-la de novo depende por inteiro da natureza das associações pelas quais a nova ideia foi ligada a outras que haviam sido gravadas anteriormente". "A lei mais fundamental que regula os fenômenos psicológicos", afirma Ribot, "é a lei da associação. Em seu caráter abrangente, ela se compara à lei da atração no mundo físico." Mill relaciona: "O que a lei da gravitação é para a astronomia, o que as propriedades elementares dos tecidos são para a fisiologia, a lei da associação de ideias é para a psicologia". E, concluindo com o pensamento de Stewart: "A conexão entre memória e a associação de ideias é tão impressionante, que alguns já consideraram a possibilidade de todos os fenômenos poderem ser resolvidos nesse princípio. A associação de ideias conecta nossos vários pensamentos uns com os outros, de modo a apresentá-los à mente em uma determinada ordem; mas isso pressupõe a existência desses pensamentos na mente – em outras palavras, pressupõe uma faculdade de reter o conhecimento que adquirimos. Por outro lado, é evidente que sem o princípio associativo, o poder de reter nossos pensamentos e de reconhecê-los quando nos ocorrem seria de pouca utilidade, pois os artigos mais importantes de nosso conhecimento permaneceriam latentes na mente, mesmo quando se apresentassem ocasiões nas quais eles fossem de aplicação imediata".

A associação de ideias depende de dois princípios conhecidos, respectivamente, como (1) lei da contiguidade e (2) lei da similaridade. Associação por contiguidade é a forma de associação pela qual uma ideia é ligada, conectada ou associada à sensação, ao pensamento ou à ideia imediatamente anterior a ela e àquela que logo a segue. Cada ideia, ou pensamento, é um

A associação de ideias conecta nossos vários pensamentos uns com os outros, de modo a apresentá-los à mente em uma determinada ordem.

elo em uma grande cadeia de pensamentos, sendo conectado com o elo precedente e com o subsequente. Associação por similaridade é a forma de associação pela qual uma ideia, uma sensação ou um pensamento é ligado, conectado ou associado a ideias, sensações ou pensamentos de tipo semelhante, que ocorreram anterior ou posteriormente. A primeira forma de associação é a relação de sequência, a segunda, a relação de tipo.

A associação por contiguidade é a grande lei do Pensamento, bem como da memória. Como enuncia Kay: "A grande lei da associação mental é a da contiguidade, por meio da qual as sensações e ideias que estiveram na mente juntas ou em sucessão próxima, tendem a se unir, ou a coerir, de tal forma que uma consiga depois evocar a outra. A conexão que subsiste de forma natural entre uma sensação ou ideia na mente e aquela que imediatamente a precedeu ou a seguiu é da natureza mais forte e íntima. As duas, estritamente falando, são apenas uma só, formando um pensamento completo". "Para falar corretamente", segundo Taine, "não há sensação isolada ou separada. Uma sensação é um estado que começa como uma continuação dos precedentes e termina por se perder naqueles que o seguem; é por um corte arbitrário e pela conveniência da linguagem que o separamos como o fazemos; seu início é o fim de outro, e seu fim, o início de outro." Como exemplifica Ribot: "Quando lemos ou ouvimos uma frase, no início da quinta palavra, algo da quarta ainda permanece". A associação por contiguidade pode ser separada em duas subclasses: contiguidade no tempo e contiguidade no espaço. Na contiguidade no tempo, manifesta-se a tendência da memória de recordar as impressões na mesma ordem em que foram recebidas – a primeira impressão sugere a segunda, que sugere a terceira e assim por diante. Dessa forma, a criança aprende a repetir o alfabeto, e o adulto, as linhas sucessivas de um poema. Priestly comenta: "Em um poema, com o final de cada palavra precedente estando conectado com o início da seguinte, podemos facilmente repeti-las nessa ordem, mas só conseguimos repeti-las de trás para frente depois de as termos pronunciado várias vezes nessa ordem". A memória de palavras, ou grupos de palavras, depende dessa forma de associação contígua. Algumas pessoas são capazes de repetir longos poemas do início ao fim, com tranquilidade e perfeição, mas são incapazes de repetir qualquer frase ou verso em particular, sem trabalhar desde o começo até chegar nele. A contiguidade no espaço se manifesta em formas de recordação ou lembrança por "posição". Assim, ao lembrar as coisas conectadas com a posição de uma determinada coisa, somos capazes de recordar-nos da própria coisa. Como vimos em um capítulo anterior, algumas formas de sistemas de memória foram baseadas nessa lei. Se você se recordar de alguma casa ou cômodo em que já esteve, descobrirá que se lembrará de um objeto após o outro, na ordem das posições relativas, ou contiguidade no espaço, ou posição. Começando com o *hall* de entrada, você pode viajar, na memória, de um cômodo a outro, recordando-se de cada um com seus objetos internos, de acordo com o grau de atenção que lhes foi conferido originalmente. Kay fala, a respeito da associação por contiguidade: "É neste princípio de contiguidade que os sistemas mnemônicos são construídos, como quando o que desejamos lembrar está associado na mente a um certo objeto ou localização, as ideias associadas surgem de uma vez, ou quando cada palavra ou ideia é associada àquela que imediatamente lhe precede, de modo que, quando se recorda de uma, a outra vem junto a ela; e, assim, longas listas de nomes ou longos trechos de livros podem ser prontamente decorados".

Pelo que foi exposto, será visto que é de grande importância que correlacionemos nossas impressões com as anteriores e as posteriores. Quanto mais intimamente unidas forem nossas impressões, mais íntima coesão terão e maior será a facilidade de relembrá-las ou recordá-las. Devemos nos empenhar para formar nossas impressões das coisas de modo que estejam associadas a outras no tempo e no espaço. Todas as outras coisas que estão associadas na mente a um determinado item, servem como uma "ponta solta" da memória, que, uma vez que a agarramos e seguimos por ela, somos levados àquilo que desejamos relembrar.

Associação por semelhança é a ligação de impressões de um tipo similar, sem considerar tempo e lugar. Carpenter expressa isso da seguinte maneira: "A lei da similaridade expressa o fato geral de que qualquer estado presente de consciência tende a reviver estados anteriores que lhe são semelhantes [...] Associação racional ou filosófica é quando um fato ou uma declaração sobre o qual a atenção é fixada está associado a algum caso previamente conhecido, com o qual tem uma relação, ou, a algum assunto para o qual serviria de ilustração". E, como diz Kay: "os semelhantes podem estar amplamente separados no espaço ou no tempo, mas são trazidos para junto e associados por meio de sua similaridade um com o outro. Dessa forma, uma circunstância de hoje pode relembrar circunstâncias de natureza semelhante que ocorreram talvez em momentos muito diferentes, e elas ficarão associadas na mente, de modo que, depois, a presença de uma tenderá a evocar as outras". A respeito dessa fase de associação, Abercrombie comenta que: "O hábito da associação correta – isto é, conectar os fatos na mente de acordo com suas verdadeiras relações e à maneira como eles tendem a ilustrar uns aos outros – é um dos principais meios de aprimorar a memória, particularmente aquele tipo de memória que é uma qualidade essencial de uma mente refinada, a saber, a que se baseia não em conexões incidentais, mas em relações verdadeiras e importantes".

Como diz Beattie: "Quanto mais relações ou semelhanças encontrarmos ou pudermos estabelecer entre os objetos, mais facilmente a visão de um nos levará a recordar o resto". E, segundo Kay: "Para fixar algo na memória, devemos associá-la a algo que já temos na mente; e, quanto mais estreitamente aquilo que desejamos lembrar se assemelhar àquilo com o que é associado, melhor será fixado na memória e mais prontamente recordado. Se os dois se assemelham fortemente um ao outro, ou não podem ser distinguidos um do outro, então a associação é do tipo mais forte [...] A memória é capaz de reter e substituir um número muito maior de ideias se estiverem associadas ou arranjadas por algum princípio de similaridade do que se forem apresentadas meramente como fatos isolados. Não é pela multidão das ideias, mas pela falta de organização entre elas, que a memória fica sobrecarregada e seus poderes, enfraquecidos". "Pode-se dizer", compara Arnott, "que o homem ignorante carrega seus 100 ganchos de conhecimento (para usar uma comparação tosca) com objetos individuais, enquanto o homem informado faz com que cada gancho suporte uma longa corrente, na qual milhares de coisas análogas e úteis estão conectadas."

Pedimos a cada estudante deste livro que se familiarize com a ideia geral das características do funcionamento da lei associativa, conforme tratada neste capítulo, pelo motivo de que grande parte da instrução a ser dada sob o encabeçamento dos vários aspectos e as classes de memória baseia-se em uma aplicação da lei da Associação, em conexão com a lei da Atenção. Esses princípios fundamentais devem ser compreendidos com clareza antes de passarmos aos detalhes da prática e dos exercícios. Deve-se saber não apenas "como" usar a mente e a memória de certas formas, mas também "por que" ela deve ser usada dessa forma particular. Ao compreender o "motivo da coisa", o indivíduo fica mais apto a seguir as instruções.

Aspectos da memória

Uma das primeiras coisas que podem ser notadas por aquele que estuda a memória é o fato de existirem vários aspectos diferentes de manifestação da memória. Isso quer dizer que existem várias classes gerais nas quais os fenômenos da memória podem ser agrupados. E, por consequência, encontramos algumas pessoas altamente desenvolvidas em certos aspectos e bastante deficientes em outros. Se houvesse somente um aspecto ou uma classe de memória, então uma pessoa que a desenvolveu ao longo de qualquer linha particular a teria, ao mesmo tempo, desenvolvido igualmente em todas as demais. Mas isso está longe de ser uma conjuntura verdadeira. Nós encontramos homens que são bastante hábeis em relembrar a impressão de rostos, embora achem muito difícil recordar o nome das pessoas de cujo rosto se lembram. Outros conseguem se lembrar de rostos e não de nomes. Uns têm uma excelente memória para localização, enquanto outros estão constantemente se perdendo. Outros se lembram de datas, preços, números e quantias em geral, embora sejam deficientes em outras formas de recordação. Outros se lembram de contos, incidentes, anedotas, etc., enquanto se esquecem de outras coisas. E assim por diante, com cada pessoa podendo possuir boa memória em alguns aspectos, enquanto é deficiente em outros.

Os aspectos da memória podem ser divididos em duas classes gerais, a saber: (1) Memória das impressões dos sentidos e (2) Memória de ideias. Essa classificação é um tanto arbitrária, visto que as impressões dos sentidos se desenvolvem em ideias, e as ideias são compostas, em uma considerável extensão, de impressões dos sentidos. Mas, de forma geral, a classificação serve ao seu propósito, que é o agrupamento de certos aspectos dos fenômenos da memória.

A Memória das impressões dos sentidos, é claro, inclui as impressões recebidas por todos os cinco sentidos: visão, audição, paladar, tato e olfato. Mas, quando chegamos a um exame prático das impressões sensoriais retidas na memória, descobrimos que a maior parte delas é obtida por meio dos dois respectivos sentidos da visão e da audição. As impressões recebidas pelo paladar, tato e olfato, nessa ordem, são comparativamente pequenas, exceto no caso de certos especialistas em determinadas linhas, cuja ocupação consiste em adquirir um sentido delicadíssimo de paladar, olfato ou tato e, de forma correspondente, um apurado senso de memória ao longo dessas linhas específicas. Por exemplo, o degustador de vinhos e o provador de chá, que são capazes de distinguir entre os vários tipos de mercadorias por eles manuseados, desenvolveram não apenas sentidos muito apurados de paladar e olfato, mas também uma memória notável das impressões previamente recebidas, o poder de discriminação, dependendo tanto da memória quanto do sentido especial. Da mesma forma, o cirurgião habilidoso, assim como o mecânico habilidoso, adquire um fino sentido do tato e, de forma correspondente, uma memória altamente desenvolvida das impressões de toque.

Mas, como já dissemos, a maior parte das impressões sensoriais armazenadas em nossa memória é daquelas previamente recebidas por meio dos sentidos da visão e da audição, respectivamente. A maioria das impressões sensoriais, armazenadas na memória, foram recebidas de forma mais ou

Há uma grande diferença entre a lembrança das impressões dos sentidos recebidas dessa forma e as que registramos por conferir atenção, interesse e concentração.

menos involuntária, isto é, com a aplicação de apenas um leve grau de atenção. Elas são mais ou menos indistintas e nebulosas, e são recordadas com dificuldade, com sua lembrança geralmente ocorrendo sem esforço consciente, de acordo com a lei da associação. Isto é, elas vêm principalmente quando estamos pensando em outra coisa sobre a qual consideramos e prestamos atenção, e com a qual elas foram associadas. Há uma grande diferença entre a lembrança das impressões dos sentidos recebidas dessa forma e as que registramos por conferir atenção, interesse e concentração.

As impressões sensoriais da visão são, de longe, as mais numerosas em nosso depósito subconsciente. Estamos constantemente exercitando nosso sentido de visão e recebendo milhares de impressões visuais diferentes a cada hora. Mas a maioria dessas impressões são apenas fracamente registradas na memória, porque lhes atribuímos pouco interesse ou atenção. Mas algumas vezes é surpreendente quando descobrimos que, ao nos recordarmos de algum evento ou incidente importante, também nos recordamos de muitas impressões visuais fracas, das quais nem sonhávamos ter qualquer registro. Para perceber o importante papel desempenhado pelas impressões da visão nos fenômenos da memória, relembre algum momento ou evento específico em sua vida e veja de quanto mais coisas *vistas* você se lembrou, em comparação com o número de coisas *ouvidas* ou provadas, ou tocadas ou cheiradas.

Em segundo lugar, no entanto, estão as impressões recebidas por meio do sentido da audição e, consequentemente, a memória armazena um grande número de impressões sonoras. Em alguns casos, as impressões de visão e as do som estão unidas, como, por exemplo, no caso de palavras, em que não apenas o som, mas a forma das letras que as compõem, ou melhor, a própria forma da palavra, é armazenada junto e, por consequência, o item é muito mais prontamente relembrado ou recordado do que aqueles dos quais apenas uma impressão dos sentidos é registrada. Os professores de memória usam esse fato como um meio de ajudar seus alunos a memorizar palavras falando-as em voz alta e depois as anotando.

Muitas pessoas memorizam nomes dessa forma: a impressão da palavra escrita sendo adicionada à impressão do som, dobrando, assim, o registro. Quanto mais impressões você puder causar a respeito de uma coisa, maiores serão as chances de recordá-la com facilidade. Da mesma forma, é muito importante amarrar uma impressão de um sentido mais fraco a uma de um sentido mais forte, para que a primeira possa ser memorizada. Por exemplo, se você tem uma boa memória visual e uma memória auditiva fraca, é bom associar suas impressões sonoras às visuais. E, se você tiver uma fraca memória visual e uma boa auditiva, é importante associar suas impressões de visão às de som. Desta forma, você tira proveito da lei da associação, da qual já lhe falamos.

Na subclasse de impressões visuais, encontram-se as divisões menores da memória, conhecidas como memória para localização, para números, para forma, para cor e para palavras escritas ou impressas. Na subclasse de impressões sonoras, encontram-se as divisões menores da memória, conhecidas como memória de palavras faladas, de nomes, de histórias, de música, etc. Daremos atenção especial a essas formas de memória, nos capítulos seguintes.

A segunda classe geral, a de memória de ideias, inclui a memória para fatos, eventos, pensamentos, linhas de raciocínio, etc, e é considerada mais elevada na escala do que aquela para impressões dos sentidos, embora não seja mais necessária nem mais útil para a pessoa comum. Essa forma de memória, é claro, acompanha as linhas superiores de esforço e de atividades intelectuais e constitui uma grande parte do que é conhecido como educação verdadeira; ou seja, educação que ensina a pensar, em vez de meramente memorizar certas coisas ensinadas em livros ou palestras.

O homem mentalmente excelente é aquele que desenvolveu sua memória por todos os lados, e não o que desenvolveu apenas um aspecto especial dessa faculdade. É verdade que o interesse e a ocupação de um homem certamente tendem a desenvolver sua memória de acordo com suas necessidades e exigências diárias, mas é bom que ele também exercite as outras partes desse campo, a fim de que não cresça unilateralmente. Como disse Halleck: "Muitas pessoas pensam que a memória se deve principalmente à visão, mas temos tantos tipos diferentes de memória quantos temos de sentidos. Para a visão, a melancia é um grande corpo esverdeado, mas essa é sua qualidade menos importante. Isoladamente, a visão fornece a ideia mais pobre da melancia. Nós nos aproximamos de um pé de melancia em que está crescendo fruto e, para decidir se ele está maduro, batemos na casca e julgamos pelo som. Devemos nos lembrar de que uma melancia madura tem uma determinada ressonância. Ao passar a mão pela fruta, descobrimos que tem certas características táteis. Nós a abrimos e conhecemos suas qualidades palatáveis e olfativas. Todo esse conhecimento proporcionado pelos diferentes sentidos são necessários para uma imagem de memória aperfeiçoada. Daí vemos que são muitos processos complexos para formar uma ideia de uma coisa. Napoleão não se contentou em apenas ouvir um nome, ele o escreveu e, tendo satisfeito sua memória visual, bem como sua auditiva, ele jogou fora o papel".

Neste livro, apontaremos os métodos e processos que, calcula-se, levem a memória do estudante à excelência. Via de regra, seus aspectos fortes de memória precisam de pouca atenção, embora, mesmo nesses, um pouco de conhecimento científico seja útil. Mas, nos aspectos mais fracos, aqueles nos quais sua memória é "ruim", deve-se aplicar uma nova energia e atividade, a fim de que essas regiões mais fracas possam ser cultivadas, fertilizadas e bem fornidas com a semente de impressões, que, com o tempo, dará uma boa colheita. Não há aspecto, classe ou campo da memória que não seja capaz de ser altamente desenvolvido por uma dedicação inteligente. Isso requer prática, exercício e trabalho, mas a recompensa é grande. Muitos homens são aleijados nessa questão por serem deficientes em certos aspectos da memória, enquanto são proficientes em outros. O remédio está em suas mãos, e sentimos que, neste livro, temos dado a cada um os meios pelos quais pode adquirir uma "boa" memória em qualquer das direções ou em todas elas.

Treinando o olho

Antes que a memória possa ser armazenada com impressões visuais, antes que a mente possa recordar ou relembrar tais impressões, o olho deve ser usado sob a direção da atenção. Pensamos que vemos as coisas quando olhamos para elas, mas, na realidade, *vemos* apenas umas poucas coisas, no sentido de registrar impressões claras e distintas delas nas tábuas do subconsciente. Nós *olhamos para* elas em lugar de as *ver*.

A respeito dessa ideia de "ver sem ver", Halleck diz: "Um corpo pode ser visualizado na retina sem garantir percepção. Deve haver um esforço para concentrar a atenção nas muitas coisas que o mundo apresenta aos nossos sentidos. Um homem disse certa vez a seus pupilos de uma grande escola, todos os quais haviam visto bois: 'Gostaria de ver quantos de vocês sabem se as orelhas de um boi ficam acima, abaixo, atrás ou na frente dos chifres. Quero que levantem a mão apenas os alunos que tiverem certeza da posição e que se comprometem a dar um dólar para caridade se responderem errado.' Apenas duas mãos levantadas. Os indivíduos das mãos erguidas haviam desenhado bois antes e, para isso, foram obrigados a concentrar a atenção nos animais. Quinze estudantes tinham certeza de já terem visto gatos subir em árvores e descer delas. Foi unânime a opinião de que os gatos, quando subiam, a cabeça ia primeiro. Quando questionados sobre se eles desciam primeiro a cabeça ou a cauda, a opinião segura da maioria era algo que não se ouve dizer que os gatos costumam fazer. Qualquer um que já tenha reparado no formato das garras de qualquer animal predador poderia ter respondido à pergunta sem ver uma descida real. Os meninos de fazenda, que com frequência viram vacas e cavalos deitarem-se e se levantarem, raramente têm certeza se os animais se levantam com as patas dianteiras ou traseiras primeiro, ou se o hábito do cavalo é o mesmo do da vaca nesse quesito. O olmo tem em sua folha uma peculiaridade que todos deveriam notar na primeira vez que a vissem, e, ainda assim, somente cerca de cinco por cento de uma certa escola conseguiu incorporar em um desenho essa peculiaridade, embora seja tão facilmente esboçada no papel. A percepção, para alcançar resultados satisfatórios, deve intimar a vontade para auxiliá-la a concentrar a atenção. Somente uma pequeníssima parte do que chega aos nossos sentidos a qualquer momento é de fato percebida".

A maneira de treinar a mente para receber impressões visuais claras e, portanto, retê-las na memória, é simplesmente concentrar a vontade e a atenção nos objetos da visão, empenhando-se para *vê-los* de forma clara e distinta e, então, praticar recordar-se dos detalhes deles algum tempo depois. É espantoso como alguém consegue melhorar rapidamente nesse tocante com um pouco de prática. E é incrível como um alto grau de proficiência nessa prática pode ser alcançado em um curto espaço de tempo. Você, sem dúvida, ouviu a velha história de Houdini, o ilusionista francês, que cultivou sua memória de impressões visuais seguindo um plano simples. Ele começou a praticar observando o número de pequenos objetos nas vitrines em Paris que ele conseguia ver e dos quais se lembrava, tendo dado uma breve olhada enquanto passava rapidamente por ali. Ele seguiu o plano de anotar no papel as coisas que via e lembrava. No início, só conseguia lembrar de dois ou três artigos na vitrine. Depois, começou a ver e se lembrar de mais, e assim foi, a cada dia aumentando seu poder de percepção e de memória. Até que, finalmente, ele era capaz de ver e se lembrar de quase todos os pequenos artigos em uma grande vitrine, após ter dado apenas uma olhadela sobre eles. Outros acharam esse plano excelente, e desenvolveram muito o próprio poder de percepção e, ao mesmo tempo, cultivaram uma memória surpreendentemente retentiva de objetos assim vistos. É tudo uma questão de uso e prática. O experimento de Houdini pode ser variado de infinitas formas, com excelentes resultados.

Os hindus treinam seus filhos seguindo essa linha, brincado com eles do "jogo da visão". Nesse jogo, expõe-se à visão das crianças uma série de pequenos objetos, para os quais elas olham atentamente e que, depois, lhe são retirados da vista. As crianças, então, competindo umas com as outras, esforçam-se para escrever o nome dos objetos que viram. O número de objetos é pequeno no começo, mas aumenta a cada dia, até que um número surpreendente seja percebido e relembrado.

Rudyard Kipling, em seu grande livro *Kim*, dá um exemplo desse passatempo, jogado por Kim e um jovem nativo treinado. O *sahib* Lurgan expõe à vista dos dois meninos uma bandeja cheia de joias e pedras preciosas, permitindo-lhes fitá-las por alguns momentos antes de ser retirada de vista. Então a competição começa, conforme se segue: "'Há sob aquele papel cinco pedras azuis, uma grande, uma menor e três pequenas', disse Kim apressadamente. 'Há quatro pedras verdes, e uma com um buraco nela; há uma pedra amarela através da qual é possível enxergar, e outra como uma haste de tubo. Há duas pedras vermelhas e... e... me dê tempo'. Mas Kim havia atingido o limite de seus poderes. Então chegou a vez do garoto nativo. 'Eis minha contagem', bradou a criança nativa. 'Primeiro, há duas safiras defeituosas, uma de dois *rattis* e uma de quatro, julgo eu. A safira de quatro *rattis* está lascada na borda. Há uma turquesa do Turquestão, simples, com linhas verdes, e há duas inscritas: uma com o nome de Deus em dourado e a outra está rachada, pois saiu de um anel antigo, e não consigo lê-la. Temos, então, as cinco pedras azuis; há quatro esmeraldas ardentes, mas uma está perfurada em dois lugares e a outra está um pouco entalhada'. 'E o peso?', disse o *sahib* Lurgan, impassível. 'Três, cinco, cinco e quatro *rattis*, julgo eu. Há um pedaço de âmbar antigo esverdeado e um topázio de corte barato da Europa. Um rubi da Birmânia, de dois *rattis*, sem defeito. E há uma pedra de rubi, defeituosa, de dois *rattis*. Há um marfim esculpido da China, representando um rato chupando um ovo; e há, por último – ah-há! – uma bola de cristal do tamanho de um feijão, incrustada em uma folha de ouro'. Kim fica mortificado com sua surra feia e pergunta o segredo. A resposta é: 'Fazendo isso muitas vezes, até que seja feito perfeitamente, pois vale a pena fazê-lo".

Muitos professores seguiram planos semelhantes ao que acabamos de relatar. Uma série de artigos pequenos são expostos e os pupilos são treinados a vê-los e lembrarem-se deles, e o processo vai se tornando gradualmente mais difícil. Um conhecido professor americano tinha o hábito de fazer rapidamente uma série de pontos no quadro-negro e, depois, apagá-los antes que os alunos pudessem contá-los da maneira normal. As crianças, então, se esforçavam para contar nas suas impressões mentais e, em pouco tempo, conseguiam dizer corretamente a quantidade até dez ou mais, com facilidade. Elas diziam que conseguiam "ver seis" ou "ver dez", conforme o caso, de forma automática e, ao que parece, sem o trabalho de contá-los conscientemente. É relatado, em trabalhos que tratam de detecção de crime, que nas célebres "escolas de ladrões" na Europa, os jovens larápios são treinados de maneira semelhante: os bandidos velhos, atuando como professores, expõem uma série de artigos pequenos aos mais jovens e demandam que esses repitam exatamente o que viram. Então se segue um curso superior, em que os iniciantes são obrigados a memorizar objetos em uma sala, planta de casas, etc. Eles são enviados para "espiar a terra" para futuros roubos, disfarçados de mendigos pedindo esmolas, e conseguindo, assim, uma rápida espiada em casas, escritórios e lojas. Conta-se que, numa única olhada, eles captam a localização de todas as portas e janelas, suas fechaduras e seus ferrolhos, etc.

Muitas nações têm jogos de meninos nos quais os jovens são obrigados a ver e se lembrar depois de dar uma olhadela. Os italianos têm um jogo chamado "morro", em que um menino coloca uma quantidade de dedos, que deve ser dita instantaneamente pelo outro, sendo que uma falha resulta em uma penalidade. Os jovens chineses têm um jogo similar, enquanto os meninos japoneses o reduzem a uma ciência. Um jovem japonês bem treinado será capaz de se lembrar de todo o conteúdo numa sala após uma olhada aguçada ao redor. Muitos dos orientais desenvolveram essa faculdade a um nível quase inacreditável. Mas o princípio é o mesmo em todos os casos: prática e exercício graduais, começando com um pequeno número de coisas simples e, depois, aumentando o número e a complexidade dos objetos.

Essa faculdade não é tão rara como se poderia imaginar inicialmente. Pegue um homem em um pequeno negócio e deixe-o entrar na loja de um concorrente; veja quantas coisas ele observará e de quantas se lembrará após alguns minutos no local. Deixe um ator visitar uma peça em outro teatro e veja quantos detalhes da peça ele notará e se lembrará. Deixe algumas mulheres fazerem uma visita a uma vizinha nova; então, veja quantas coisas naquela casa elas terão visto e de que se lembrarão para fofocarem para as amigas confidentes depois. É a velha história da atenção seguindo o interesse, e da memória seguindo a atenção. Um jogador experiente de uíste verá e se lembrará de todas as cartas lançadas no jogo, e de quem as lançou. Um jogador de xadrez ou dama verá e se recordará dos movimentos anteriores feitos no jogo, se for um especialista, e conseguirá relacioná-los posteriormente. Uma mulher indo às compras verá e se lembrará de milhares de coisas que um homem nunca veria, menos ainda lembraria. Como disse Houdini: "Assim, posso afirmar com segurança que, por exemplo, uma dama vendo outra passar a toda velocidade em uma carruagem terá tempo de analisar-lhe as vestimentas, do gorro aos sapatos, e será capaz de descrever não apenas o estilo e a qualidade dos materiais, mas também de dizer se a renda é real ou apenas feita à máquina. Eu conheci mulheres que faziam isso".

Mas, lembre-se disto, pois é importante: Tudo que pode ser feito nesse sentido por meio da atenção, inspirada pelo interesse, pode ser duplicado pela *atenção dirigida pela vontade*. Em outras palavras, o desejo de realizar a tarefa adiciona e cria um interesse artificial tão eficaz quanto o sentimento natural. E, conforme você progride, o interesse pela tarefa do jogo adicionará um novo interesse, e você será capaz de replicar qualquer uma das façanhas mencionadas acima. É tudo uma questão de atenção, interesse (natural ou induzido) e prática. Comece com um conjunto de dominós, se quiser, e tente se lembrar das bolinhas em uma peça espiada rapidamente, depois em duas, depois em três. Aumentando o número gradualmente, você alcançará um poder de percepção e uma memória de impressões visuais que parecerão quase incríveis. E não só começará a se lembrar do dominó, mas também será capaz de perceber e se lembrar de milhares de detalhezinhos de interesse em todas as coisas, pontos que até agora haviam escapado de sua atenção. O princípio é muito simples, mas os resultados que podem ser obtidos pela prática são maravilhosos.

O problema com a maioria de vocês é que olham sem ver, fitando mas não observando. Os objetos ao seu redor estão fora de seu foco mental. Se tão somente mudarem seu foco mental, por meio de vontade e atenção, vocês serão capazes de se curar dos métodos descuidados de ver e observar que têm sido obstáculos para seu sucesso. Vocês tem culpado sua memória, mas a falha está em sua percepção. Como pode a memória se lembrar, se nada lhe foi dado na forma de impressões claras? Vocês têm sido como crianças pequenas neste assunto, agora é hora de começar a "endireitar-se na cadeira e prestar atenção", não importa quantos anos possa ter. O sumo da coisa toda é este: A fim de se lembrar das coisas que passam diante de sua vista, você deve começar a *ver com a mente*, em vez de com a retina. Deixe que a impressão vá além de sua retina e entre em sua mente. Se o fizer, descobrirá que a memória "fará o resto".

Treinando o ouvido

O sentido da audição é um dos mais elevados dos sentidos ou canais pelos quais recebemos impressões do mundo exterior. Na verdade, quase se equipara ao sentido da visão. Nos sentidos do paladar, tato e olfato, há um contato direto entre a substância nervosa receptora sensível e as partículas do objeto observado; enquanto na visão e audição, a impressão é recebida por meio de ondas no éter (no caso da visão) ou ondas no ar (no sentido da audição). Além disso, no paladar, olfato e tato, os objetos observados são colocados em contato direto com o aparelho nervoso terminal; ao passo que, ao ver e ouvir, os nervos terminam em peculiares e delicadas bolsas que contêm uma substância fluídica, por meio da qual a impressão é transmitida ao nervo propriamente dito. A perda dessa substância fluídica destrói a faculdade de receber impressões, e o resultado é surdez ou cegueira. Como diz Foster: "As ondas sonoras que chegam ao nervo auditivo em si não produzem nenhum efeito; é somente quando, por meio da endolinfa, são levadas a atuar nas delicadas e peculiares células do epitélio, que constituem as terminações periféricas do nervo, é que as sensações de som surgem".

Assim como é verdade que é a mente, e não o olho, quem de fato *vê*, da mesma forma é verdade que é a mente, e não o ouvido, quem de fato *ouve*. Chegam ao ouvido muitos sons que não são registrados pela mente. Passamos por uma rua movimentada, com as ondas de muitos sons alcançando os nervos do ouvido, e, contudo, a mente *aceita* os sons de apenas umas poucas coisas, especialmente quando a novidade deles já passou. É um assunto de interesse e atenção neste caso, assim como no caso de ouvir. De acordo com Halleck: "se nos sentarmos perto de uma janela aberta no campo, em um dia de verão, podemos ter muitos estímulos batendo no portão da atenção: tique-taque de relógio, som do vento, cacarejo de galinhas, grasnado de patos, latido de cachorros, mugido de vacas, grito de crianças brincando, farfalhar das folhas, canto de pássaros, estrondo de carroças, etc. Se a atenção estiver centrada em qualquer desses, o tal, por ora, adquire a importância de um rei no trono de nosso mundo mental".

Muitas pessoas reclamam de não ser capaz de se lembrar de sons ou coisas que chegam à mente pelo sentido da audição, e atribuem o problema a algum defeito nos órgãos auditivos. Mas, ao fazê-lo, negligenciam a verdadeira causa do problema; pois é um fato científico que muitas dessas pessoas têm aparelhos auditivos perfeitamente desenvolvidos e nas melhores condições de funcionamento, sendo que seu problema decorre de uma falta de treinamento da faculdade mental da audição. Em outras palavras, o problema está em sua mente, e não nos órgãos auditivos. Para adquirir a faculdade da audição correta e a memória correta das coisas ouvidas, a faculdade mental da audição deve ser exercitada, treinada e desenvolvida. Dado um número de pessoas cujo aparelho auditivo esteja igualmente perfeito, descobriremos que algumas "ouvem" muito melhor do que outras, e algumas ouvem certas coisas melhor do que outras coisas, e que há uma grande diferença nos graus e níveis de memória do que foi ouvido. "Existem grandes diferenças entre os indivíduos no que diz respeito à acuidade desse sentido (audição)", concorda Kay, "e alguns a possuem com maior perfeição em determinadas direções do que em outras. Alguém cuja audição seja boa para o som em geral pode ter pouco ouvido para tons musicais; e, por outro lado, alguém com um bom ouvido para música pode, contudo, ser deficiente no que diz respeito à audição em geral". O segredo disso deve ser encontrado no grau de interesse e atenção dispensados à coisa em particular que emite o som.

É um fato que a mente ouvirá os mais tênues sons de coisas nas quais estão centrados o interesse e a atenção, enquanto, ao mesmo tempo, ignorará aquelas nas quais não houver interesse e para as quais a atenção não estiver voltada. Uma mãe adormecida despertará ao menor gemido de seu bebê, enquanto o estrondo de uma carreta pesada na rua ou mesmo o disparo de uma arma na vizinhança podem não ser percebidos por ela. Um engenheiro detectará a mais leve diferença no zumbido ou chiado de um motor, mas não perceberá um ruído externo muito alto. Um músico notará a mais insignificante dissonância ocorrendo em um concerto no qual há um grande número de instrumentos sendo tocados, e no qual há um grande volume de som chegando-lhe ao ouvido; enquanto outros sons talvez não sejam ouvidos por ele. O homem que bate nas rodas do seu vagão de trem é capaz de detectar a menor diferença de tom, e, assim, informar-se de que há uma rachadura ou falha na roda. Alguém que manuseia grandes quantidades de moedas terá sua atenção atraída para a menor diferença no tinir de uma peça de ouro ou prata; isso o informa que há algo errado com a moeda. Um maquinista distinguirá o estranho zumbido de algo errado com o trem atrás de si, em meio a todo o estrondo e clangor de trovão nos quais está imerso. O encarregado em uma oficina mecânica detecta, da mesma forma, um pequeno ruído estranho, que o informa que algo está errado, e desliga a energia de uma vez. Os telegrafistas são capazes de detectar as diferenças quase imperceptíveis no som de seus instrumentos, que lhes informam de que um novo operador está na linha, ou, apenas, informam quem está enviando a mensagem, e, em alguns casos, o humor ou temperamento desse transmissor. Os condutores de trem ou barco a vapor reconhecem as diferenças entre cada locomotiva ou barco em sua linha ou rio, conforme o caso. Um médico experiente detectará os sons fracos que indicam um problema respiratório ou um sopro no coração dos pacientes. E, no entanto, esses mesmos indivíduos citados, que são capazes de detectar as leves diferenças no som, são frequentemente conhecidos como "maus ouvintes" em outras coisas. Por quê? Simplesmente porque ouvem apenas o que lhes interessa e para o que sua atenção foi dirigida. Esse é todo o segredo, e nele também se encontra o segredo do treinamento da percepção auditiva. É tudo uma questão de interesse e atenção, os detalhes dependem desses princípios.

Em vista dos fatos que acabamos de declarar, ver-se-á que o remédio para a "audição ruim" e a memória fraca das coisas ouvidas deve ser encontrado no uso da vontade na direção da atenção e do interesse voluntários. Isso é tão verdade, que algumas autoridades chegam a afirmar que muitos casos de suposta surdez leve são, na verdade, apenas resultado de falta de atenção e concentração por parte da pessoa com o problema. Kay diz: "O que é comum ser chamado de surdez, não raramente deve ser atribuído a esta causa: os sons são ouvidos, mas não interpretados e reconhecidos [...] Os sons podem ser distintamente ouvidos quando a atenção lhes é dirigida, algo que, em circunstâncias normais, talvez fosse imperceptível. E as pessoas, com frequência, não ouvem o que lhes é dito por não estarem prestando atenção". Harvey concorda: "Não se pode duvidar de que metade da surdez que existe é resultado de desatenção". Existem somente umas poucas pessoas que não tiveram a experiência de escutar alguma coisa maçante, cujas palavras eram distintamente ouvidas, mas cujo significado foi perdido por completo, devido à desatenção e falta de interesse. Kirkes resume a questão nestas palavras: "Ao ouvir, devemos distinguir dois pontos diferentes: a sensação audível, como desenvolvida sem qualquer interferência intelectual, e a concepção que formamos em consequência dessa sensação".

A razão pela qual muitas pessoas não se lembram de coisas que ouviram é simplesmente porque não *escutaram* de forma correta. Maus ouvintes são muito mais comuns do que se poderia supor à primeira vista. Um pequeno autoexame lhe revelará o fato de que você caiu no mau hábito da desatenção. Não se pode ouvir tudo, é claro – não seria aconselhável. Mas se deveria adquirir o hábito de realmente escutar ou, então, recusar-se por completo a escutar. A transigência de escutar descuidadamente traz resultados deploráveis e é, de fato, a razão pela qual tanta gente "não consegue se lembrar" do que ouviu. É tudo uma questão de hábito. Pessoas que têm péssima memória para impressões auditivas deveriam começar a "escutar" com seriedade. Para readquirir o hábito perdido de ouvir adequadamente, elas devem exercer atenção voluntária e desenvolver interesse. As sugestões a seguir podem ser úteis nesse sentido.

Tente memorizar palavras faladas a você durante uma conversa – algumas frases por vez, ou mesmo uma só. Você descobrirá que o esforço feito para fixar a frase em sua memória resultará na concentração da atenção nas palavras de quem fala. Faça a mesma coisa quando estiver escutando um pregador, ator ou palestrante. Escolha a primeira frase para memorizar e tome a resolução de fazer sua memória como cera para receber a

[...] Os sons podem ser distintamente ouvidos quando a atenção lhes é dirigida, algo que, em circunstâncias normais, talvez fosse imperceptível.

impressão e, como aço para retê-la. Escute os pedaços soltos de conversa que lhe chegam aos ouvidos enquanto caminha pela rua, e tente memorizar uma ou duas frases, como se fosse repeti-las no fim do dia. Estude os vários tons, expressões e inflexões na voz das pessoas que falam com você – isso se mostrará muito interessante e útil. Os detalhes que tal análise revelará lhe surpreenderão. Escute os passos de pessoas diferentes e se esforce para distingui-las – cada uma tem suas peculiaridades. Peça a alguém que leia uma ou duas linhas de poesia ou prosa para você, e, depois, empenhe-se para lembrá-las. Um pouco de prática desse tipo desenvolverá grandemente o poder da atenção voluntária para sons e palavras faladas. Acima de tudo, porém, pratique repetir as palavras e os sons que memorizou, tanto quanto possível; pois, ao fazê-lo, você voltará sua mente para o hábito de se interessar por impressões sonoras. Desta forma, não apenas melhora o sentido da audição, mas também a faculdade de relembrar.

Se analisar e resumir as observações e orientações aqui dadas, você descobrirá que a essência de toda a questão é que deve-se *realmente usar, empregar e exercitar* a faculdade mental de ouvir, de forma ativa e inteligente. A natureza tem um jeito de adormecer ou atrofiar qualquer faculdade que não é usada ou exercitada, e também, de incentivar, desenvolver e fortalecer qualquer que seja devidamente empregada e exercitada. Nisso você tem o segredo. Use-o. Se escutar bem, você ouvirá bem e se lembrará bem do que ouviu.

Como se lembrar de nomes

O aspecto da memória ligado à lembrança ou recordação de nomes provavelmente é de maior interesse para a maioria das pessoas do que qualquer um dos relacionados ao assunto. Por todos os lados, pode-se encontrar indivíduos envergonhados por não terem lembrado o nome de alguém que sentiam saber, mas que lhes escapou. Essa falha em se lembrar de nome de pessoas interfere, sem dúvida, no sucesso comercial e profissional de muita gente; e, por outro lado, a habilidade de recordar-se prontamente de nomes tem auxiliado muitos na luta pelo sucesso. Parece que há um número maior de pessoas deficientes nesse aspecto da memória do que em qualquer outro. Como disse Holbrook: "A memória para nomes é um assunto pelo qual a maioria das pessoas deve ter um interesse mais do que passageiro […] O número de pessoas que nunca ou raramente se esquecem de um nome é excessivamente pequeno, o número dos que têm uma memória fraca para isso é muito grande. A razão para tal coisa é, em parte, um defeito de desenvolvimento mental e, em parte, uma questão de hábito. Em ambos casos, isso pode ser superado pelo esforço […] Convenci-me pela experiência e pela observação de que uma memória para nomes pode ser aumentada não apenas duas, *mas cem vezes*".

Você descobrirá que a maioria dos homens de sucesso é capaz de recordar do rosto e do nome daqueles com os quais entra em contato, e é interessante assunto para especulação do quanto de seu sucesso deveu-se a essa faculdade. É dito que Sócrates lembrava-se facilmente do nome de todos seus alunos, e suas turmas chegavam a milhares no período de um ano. Conta-se que Xenofonte sabia o nome de cada um de seus soldados; faculdade essa também compartilhada por Washington e Napoleão. Trajano, segundo dizem, sabia o nome de todos os guardas pretorianos, cerca de doze mil. Péricles conhecia o rosto e o nome de cada um dos cidadãos de Atenas. Conta-se que Cíneas sabia o nome de todos os cidadãos de Roma. Temístocles sabia o nome de vinte mil atenienses. Lúcio Cipião podia chamar pelo nome todos os cidadãos de Roma. John Wesley recordava-se do nome de milhares de pessoas que conhecera em suas viagens. Henry Clay era especialmente desenvolvido neste aspecto da memória, e havia entre seus seguidores o dito de que ele se lembrava de toda pessoa que encontrava. Blaine tinha uma reputação semelhante.

Muitas teorias foram propostas e explicações, oferecidas para responder o fato de a recordação para nomes ser muito mais difícil do que qualquer outra forma de atividades da memória. Não tomaremos seu tempo examinando essas teorias, mas prosseguiremos com aquela agora aceita de forma geral pelas melhores autoridades; isto é, que a dificuldade para recordar-se de nomes é causada pelo fato de que os nomes em si são *desinteressantes* e, portanto, não atraem nem prendem a atenção como outros objetos apresentados à mente. Deve-se, é claro, ser lembrado o fato de que as impressões sonoras tendem a ser mais difíceis de se lembrar do que as impressões visuais; mas acredita-se que a falta de qualidades interessantes nos nomes seja o principal obstáculo e dificuldade. Fuller diz, sobre esse assunto: "Um substantivo próprio, ou nome, quando considerado de forma independente de características acidentais de coincidência com algo familiar, *não significa nada*; por esta razão, uma imagem mental dele não é facilmente formada. O que explica o fato de a forma primitiva e tediosa da repetição mecânica ser a normalmente empregada para imprimir um nome próprio na memória; enquanto um nome comum, sendo representado por algum objeto com forma ou aparência na percepção física ou mental, pode, assim, ser *visto ou imaginado*. Em outras palavras, *uma imagem mental* dele pode ser formada e o *nome*, identificado posteriormente, associando-o a essa imagem". Acreditamos que o caso esteja exposto de forma plena nessa citação.

    Contudo, apesar dessa dificuldade, as pessoas têm de, e podem grandemente, melhorar sua memória para nomes. Muitos que eram originalmente bem deficientes a esse respeito, não só melhoraram a faculdade muito além de sua condição anterior, mas também desenvolveram uma habilidade excepcional nesse aspecto especial da memória, de modo a se tornarem

> "... a maioria dos homens de sucesso é capaz de recordar do rosto e do nome daqueles com os quais entra em contato, e é interessante assunto para especulação o quanto de seu sucesso deveu-se a essa faculdade."

conhecidos por se recordarem de forma infalível do nome daqueles com quem entravam em contato.

Talvez a melhor maneira de impressioná-lo com os vários métodos que podem ser usados para esse propósito, seja relatar a experiência real de um cavalheiro, empregado de um banco numa das grandes cidades deste país, que fez um estudo cuidadoso do assunto e desenvolveu-se muito além do ordinário. Começando com uma memória extremamente fraca para nomes, ele é agora conhecido por seus companheiros como "o homem que nunca esquece um nome". Esse cavalheiro fez, primeiro, uma série de "cursos" sobre "métodos" secretos de desenvolvimento da memória; mas, depois de gastar muito dinheiro assim, ele expressou seu desgosto com a ideia toda de treinamento artificial da memória. Começou, então, a estudar o assunto do ponto de vista da Nova Psicologia, colocando em prática todos os princípios testados, e aprimorando alguns de seus detalhes. Tivemos várias conversas com esse cavalheiro e descobrimos que sua experiência confirma muitas de nossas próprias ideias e teorias. E o fato de ele ter demonstrado a precisão dos princípios em um grau tão notável, torna seu caso digno de ser declarado, no sentido de proporcionar um guia e "método" para outros que desejem desenvolver a memória para nomes.

O cavalheiro, a quem chamaremos de "sr. X", decidiu que a primeira coisa a fazer era desenvolver sua faculdade de receber impressões sonoras claras e distintas. Ao fazê-lo, ele seguiu o plano delineado por nós em nosso capítulo "Treinando o ouvido". Ele perseverou e praticou ao longo dessas linhas, até que sua "audição" tornou-se muito apurada. Ele fez um estudo das vozes, até que conseguisse classificá-las e analisar-lhes as características. Depois, descobriu que conseguia *ouvir* nomes de uma maneira antes impossível para si. Ou seja, em vez de meramente captar um som vago de um nome, ele o ouvia de forma tão clara e distinta, que uma inscrição firme seria obtida nos registros de sua memória. Pela primeira vez em sua vida, os nomes começaram a *significar algo* para ele. Prestava atenção a cada nome que ouvia, assim como fazia a cada nota que tocava. Repetia para si mesmo um nome depois de ouvi-lo, e, dessa maneira, fortalecia a impressão.

Caso se deparasse com um nome incomum, ele o escrevia várias vezes, na primeira oportunidade, obtendo, assim, o benefício de uma impressão de sentido dobrado, acrescentando impressão visual à auditiva. Tudo isso, é claro, despertou-lhe o interesse pelo assunto de nomes em geral, o que o levou à próxima etapa de seu progresso.

O sr. X. começou, então, a estudar nomes, sua origem, suas peculiaridades, suas diferenças, seus pontos de semelhanças, etc. Fez dos nomes um *hobby*, e exibia toda a alegria de um colecionador quando conseguia furar o alfinete da atenção através do exemplar de uma espécie de nome nova e desconhecida. Ele começou a colecionar nomes, assim como outros colecionam besouros, selos, moedas, etc, e se orgulhava de sua coleção e de seu conhecimento do assunto. Ele lia livros sobre nomes nas bibliotecas, falando de sua origem, etc. Possuía o deleite de Dickens por nomes "esquisitos", e divertia os amigos relatando alguns engraçados que vira em placas e outros lugares. Ele levou um pequeno Diretório da Cidade[3] para casa e percorria-lhe as páginas à noite, procurando novos nomes e classificando os antigos em grupos. Descobriu que alguns nomes eram derivados de animais e colocou-os em uma classe própria: Leão, Lobo, Raposa, Cordeiro, Lebre, etc. Outros foram colocados no grupo das cores: Preto, Verde, Branco, Cinza, Azul. Outros pertenciam à família das aves: Corvo, Falcão, Pássaro, Marreco, Grou, Pomba, Gaio, etc. Outros pertenciam a ofícios: Moleiro, Ferreiro, Tanoeiro, Malteiro, Carpinteiro, Cozinheiro, Pintor, etc. Outros eram árvores: Castanheiro, Carvalho, Nogueira, Cerejeira, Pinheiro, etc. Depois, havia Colinas e Vales, Campos e Montanhas, Alamedas e Riachos. Alguns eram Fortes, outros eram Alegres, outros eram Silvestres, outros Nobres. E assim por diante. Seria necessário um livro inteiro para contar o que esse homem descobriu sobre os nomes. Ele quase se tornou um "excêntrico" no assunto. Mas seu hobby começou a apresentar excelentes resultados, pois seu *interesse* havia

---

[3] Um Diretório da Cidade costuma conter uma relação alfabética de cidadãos, listando o nome do cabeça da família, seu endereço e sua ocupação. (N.T.)

sido despertado em um grau incomum, e ele estava se tornando muito proficiente em recordar-se de nomes, pois agora significavam algo para si. Lembrava-se facilmente de todos os clientes fiéis de seu banco – um número, aliás, bem considerável, pois era uma empresa grande – e, em muitas ocasiões, os depositantes ficaram encantados com nosso amigo por serem chamados pelo nome. Eventualmente, ele encontrava um nome que o empacava e, nesse caso, repetia-o para si mesmo e o escrevia várias vezes até dominá-lo – depois disso, nunca mais lhe escapava.

O sr. X. sempre repetia um nome quando falado e, ao mesmo tempo, olhava atentamente para a pessoa que o carregava, parecendo, assim, fixar os dois juntos em sua mente ao mesmo tempo – quando os quisesse, eles seriam encontrados na companhia um do outro. Ele também adquiriu o hábito de *visualizar* o nome, isto é, ele via as letras com os olhos da mente, como uma imagem. Considerava isso o ponto mais importante, e concordamos plenamente com ele. Usava a Lei da Associação no sentido de associar um novo homem a um homem de mesmo nome, de quem bem se lembrava. Um novo sr. Schmidtzenberger seria associado a um antigo cliente com o mesmo nome – quando visse o novo, ele pensaria no antigo, e o nome surgiria em sua mente. Para resumir o método inteiro, no entanto, pode-se dizer que a essência da coisa era *criar interesse* por nomes em geral. Desse modo, um assunto desinteressante era tornado interessante – e um homem sempre tem uma boa memória para as coisas pelas quais está interessado.

O caso do sr. X. é extremo, e os resultados obtidos são fora do comum. Mas, se você imitá-lo nisso, poderá obter os mesmos resultados na medida em que trabalhar para tal. Faça um estudo de nomes – comece uma coleção – e você não terá problemas em desenvolver uma memória para eles. Em suma, isso é tudo.

Como se lembrar de rostos

A memória para rostos está intimamente ligada à para nomes e, no entanto, as duas nem sempre estão associadas, pois há muitas pessoas que se lembram facilmente de rostos, contudo esquecem nomes, e vice-versa. Em alguns aspectos, entretanto, a memória para rostos é um precedente necessário para se recordar do nome das pessoas. Pois, a menos que nos recordemos do rosto, somos incapazes de fazer a associação necessária com o nome do indivíduo. Demos uma série de exemplos de memória facial em nosso capítulo sobre nomes, no qual são apresentados casos da memória espetacular de célebres indivíduos, que adquiriram um conhecimento e uma memorização de milhares de cidadãos de uma cidade ou de soldados de um exército. Neste capítulo, entretanto, daremos atenção apenas ao assunto de recordação das características das pessoas, independentemente de seu nome. Essa faculdade é possuída por todos, mas em graus variados. Aqueles nos quais ela é bem desenvolvida parecem reconhecer o rosto de pessoas que conheceram anos antes, e associá-los às circunstâncias nas quais as viram pela última vez, mesmo quando o nome lhe escapa da memória. Outros parecem se esquecer de um rosto no momento em que ele some de vista, e não conseguem reconhecer pessoas que conheceram poucas horas antes, para seu tormento e vexame.

Detetives, repórteres de jornais e outros que entram em contato com muitas pessoas, têm, em geral, essa faculdade amplamente desenvolvida, pois se torna uma necessidade de trabalho; e, por meio disso, seu interesse e atenção se tornam ativos. Os homens públicos muitas vezes desenvolvem grandemente essa faculdade por causa das necessidades de sua vida. Conta-se que James G. Blaine nunca esquecia o rosto de alguém que havia conhecido e com quem conversara por uns poucos momentos. Essa faculdade o tornou muito popular na vida política. Nesse aspecto, ele se assemelhava a Henry Clay, famoso por sua memória para rostos. É relatado que Clay fez, certa vez, uma visita de algumas horas a uma pequena cidade no Mississípi, em uma campanha eleitoral. No meio da multidão que o cercava estava um homem idoso, sem um olho. O velho camarada avançou gritando, pois tinha certeza de que Henry Clay se lembraria dele. Clay lançou-lhe um olhar penetrante e disse: "Eu o conheci no Kentucky há muitos anos, não é?" "Sim", respondeu o homem. "Você perdeu o olho depois daquilo?", perguntou Clay. "Sim, vários anos depois", replicou o velho. "Vire seu rosto de lado para eu poder ver seu perfil", disse Clay. O homem o fez. Então Clay sorriu, triunfante, dizendo: "Agora já sei! Você não estava naquele juri no caso Innes, em Frankfort, que eu apresentei no Tribunal dos Estados Unidos há mais de vinte anos?" "Sim, *sinhô*!", disse o homem "Sabia que *cê* ia me *reconhecê*, eu falei *pra* eles que ia." A multidão deu um brado de alegria, e Clay soube que estava a salvo naquela cidade e naquele condado.

Conta-se que Vidocq, o célebre detetive francês, nunca esquecia o rosto de um criminoso que alguma vez vira. Um exemplo célebre desse poder de sua parte é o caso do falsificador Delafranche, que escapou da prisão e morou em terras estrangeiras por mais de vinte anos. Após esse tempo, voltou para Paris, seguro de não ser detectado, tendo ficado careca, perdido um olho e tendo o nariz gravemente mutilado. Além disso, ele se disfarçava e usava barba, a fim de evitar ainda mais a identificação. Um dia, Vidocq encontrou-o na rua e reconheceu-o de imediato, ao que se seguiu sua captura e retorno à prisão. Casos desse tipo poderiam ser multiplicados indefinidamente, mas o estudante terá conhecido um número suficiente de pessoas que possuem essa faculdade desenvolvida em alto grau, de modo que ilustrações adicionais são desnecessárias.

A maneira de desenvolver esse aspecto da memória é semelhante àquela exigida no desenvolvimento de outros aspectos: cultivar interesse e conferir atenção. Os rostos como um todo não parecem ser interessantes. Somente analisando e classificando-os é que o estudo começa a ter interesse para nós. O estudo de um bom trabalho elementar sobre fisionomia é recomendado para aqueles que desejam desenvolver a faculdade de se lembrar de rostos, pois, em tais obras, o estudante é levado a reparar nos diferentes tipos de nariz, orelha, olho, queixo, testa, etc; sendo que tal percepção e reconhecimento tendem a induzir um interesse pelo assunto de características. Um curso rudimentar para estudar desenho de rostos, particularmente de perfil, também tenderá a fazer o indivíduo "reparar" e lhe despertará o interesse. Se lhe for solicitado desenhar um nariz, principalmente de memória, você estará apto a dar a isso sua atenção interessada. O assunto do interesse é vital. Se lhe mostrassem um homem e dissessem que, na próxima vez em que o encontrasse e o reconhecesse, ele lhe entregaria quinhentos dólares, você estaria muito disposto a estudar-lhe o rosto com cuidado e a reconhecê-lo mais tarde; ao passo que o mesmo homem, se apresentado casualmente como sr. Jones, não lhe despertaria interesse algum, e as chances de reconhecimento seriam mínimas.

Halleck diz:

Toda vez que entramos em um bonde, vemos diferentes tipos de pessoas, e há muito a ser notado em cada um deles. Cada semblante humano mostra, para quem sabe olhá-lo, uma história passada [...] Apostadores bem-sucedidos frequentemente se tornam tão experientes em notar a mais leve mudança na expressão facial de um oponente, que calculam a força da própria mão pelos sinais involuntários que aparecem naquele rosto, e que são frequentemente reprimidos no instante em que se mostram.

De todas as classes, talvez a dos artistas seja a mais apta a formar uma imagem nítida das características das pessoas que encontram, especialmente se forem pintores de retratos. Existem casos de notáveis pintores desse tipo que foram capazes de executar um bom retrato após estudarem cuidadosamente uma única vez o rosto do modelo; sendo-lhe permitido por sua memória visualizar as feições à vontade. Alguns célebres professores de desenho instruíam seus estudantes a darem uma olhada rápida e penetrante em um nariz, um olho, uma orelha ou um queixo, e, então, visualizá-lo de forma tão clara que conseguissem desenhá-lo com perfeição. É tudo uma questão de interesse, atenção e *prática*. Sir Francis Galton cita o exemplo de um professor francês que treinava seus pupilos tão meticulosamente nesse sentido que, após alguns meses de prática, eles não tinham dificuldade em evocar imagens à vontade, em mantê-las firmes na mente e em desenhá-las corretamente. Ele diz, a respeito da faculdade de visualização assim usada:

Uma faculdade que é importante em todas as ocupações técnicas e artísticas, que dá precisão às nossas percepções e justiça às nossas generalizações, é deixada passando fome por preguiçoso desuso, em lugar de ser cultivada criteriosamente, de modo que, no todo, traga o melhor retorno. Acredito que um estudo sério sobre os melhores meios de desenvolver e utilizar essa faculdade, sem prejuízo da prática do pensamento abstrato em símbolos, é um dos muitos desideratos urgentes na, ainda não formada, ciência da educação.

Fuller relata o método de um célebre pintor, que desde então tem sido ensinado por muitos professores tanto de desenho quanto de memória.

Ele relata o seguinte: "O afamado pintor Leonardo da Vinci inventou um método muito engenhoso para identificar rostos e, pelo que se diz, era capaz de reproduzir de memória qualquer rosto que houvesse examinado cuidadosamente apenas uma vez. Ele desenhou todas as formas possíveis de nariz, boca, queixo, olhos, orelhas e testa; numerou-as com 1, 2, 3, 4, etc, e decorou-as completamente. Depois, sempre que via um rosto que desejasse desenhar ou pintar de memória, ele notava em sua mente que era o queixo 4, os olhos 2, o nariz 5, as orelhas 6, – ou quaisquer que fossem as combinações – e, por reter a análise em sua memória, ele conseguia reconstruir o rosto a qualquer momento". Dificilmente poderíamos pedir ao

> "De todas as classes, talvez a dos artistas seja a mais apta a formar uma imagem nítida das características das pessoas que encontram."

estudante que tentasse um sistema tão complicado, mas uma modificação dele se mostraria útil. Ou seja, se você começar a formar uma classificação de vários tipos de nariz, por volta de, digamos, sete, o bem conhecido romano, judeu, grego, dando-lhe as classes gerais, em conexão com o reto, o torto, o arrebitado e todas as outras variedades, você logo reconhecerá um nariz quando o vir. E o mesmo acontece com as bocas, com apenas algumas classes para cobrir a maioria dos casos. Mas, de todas as características, o olho é o mais expressivo e o lembrado com mais facilidade, quando claramente observado. Os detetives confiam muito na *expressão do olho*. Se você alguma vez captar plenamente a *expressão* dos olhos de uma pessoa, estará bem apto a reconhecê-la depois disso. Portanto, concentre-se nos olhos ao estudar os rostos.

Um bom plano para desenvolver essa faculdade é visualizar à noite o rosto das pessoas com as quais se encontrou durante o dia. Tente desenvolver a faculdade de visualizar as características daqueles que você conhece; isso será um bom começo. Desenhe-os em sua mente; veja com os olhos da mente, até que consiga visualizar as características de velhos amigos. Em seguida, faça o mesmo com os conhecidos, e assim por diante, até ser capaz de visualizar as características de cada um que você conhece. Depois, comece a adicionar itens à sua lista, recordando na imaginação as características de estranhos que você encontrou. Com um pouco de prática desse tipo, você desenvolverá um grande interesse pelos rostos e uma memória deles, e sua capacidade de evocá-los aumentará rapidamente. O segredo é estudar rostos, interessar-se por eles. Dessa forma, você adiciona entusiasmo à tarefa e torna prazeroso um trabalho maçante. O estudo de fotografias também é uma grande ajuda nesse trabalho, mas estude-as em detalhes, não como um todo. Se conseguir despertar suficiente interesse por feições e rostos, não terá problemas em relembrá-los e recordá-los. As duas coisas caminham juntas.

Como se lembrar de lugares

Há uma grande diferença nos vários graus de desenvolvimento do "senso de localidade" em cada pessoa. Mas essas diferenças podem ser atribuídas diretamente ao grau de memória desse aspecto ou faculdade particular da mente, que, por sua vez, depende do grau de atenção, interesse e uso que foi conferido à faculdade em questão. As autoridades em frenologia definem a faculdade de "localidade" da seguinte forma: "Conhecimento de lugar; recordação da aparência de lugares, estradas, paisagens e a localização de objetos; saber em que lugar de uma página as ideias podem ser encontradas e sua posição em geral; faculdade geográfica; desejo de ver lugares e ter a capacidade de encontrá-los". Pessoas nas quais essa faculdade é desenvolvida ao mais alto grau parecem ter uma ideia quase intuitiva de direção, lugar e posição. Elas nunca se perdem ou se confundem em relação à direção ou ao lugar. Lembram-se dos lugares que visitam e da relação no espaço entre eles. Sua mente é como um mapa no qual estão gravadas as várias estradas, ruas e objetos à vista, em todas as direções. Quando essas pessoas pensam em China, Labrador, Terra del Fuego, Noruega, Cabo da Boa

Esperança, Tibete ou qualquer outro lugar, parecem pensar na localidade como "*nesta* ou *naquela* direção", e não como um lugar vago situado em uma direção vaga. Sua mente pensa "norte, sul, leste ou oeste", conforme o caso, quando consideram um determinado lugar. Descendo para o outro nível, encontramos pessoas no outro polo da faculdade, que parecem achar impossível se lembrar de qualquer direção, localidade ou relação no espaço. Esses indivíduos estão constantemente se perdendo dentro de sua própria cidade e temem se aventurar num lugar estranho. Não têm nenhum senso de direção, ou de lugar, e não conseguem reconhecer uma rua ou um panorama que visitaram recentemente, para não falar daqueles que percorreram no passado. Entre esses dois polos ou níveis existe uma vasta diferença, e é difícil perceber que tudo seja uma questão de uso, interesse e atenção, o que o é, e pode ser provado por qualquer um que se dê ao trabalho e se esforce para desenvolver a faculdade e a memória para localidade em sua mente. Muitos o têm feito, e qualquer um pode fazer o mesmo, se forem empregados os métodos adequados.

O segredo do desenvolvimento da faculdade e da memória para lugar e localidade é semelhante ao mencionado no capítulo anterior, em conexão com o desenvolvimento da memória para nomes. A primeira coisa necessária é desenvolver *interesse* pelo assunto. A pessoa deve começar a reparar na direção das ruas ou estradas em que se viaja, nos marcos, nas

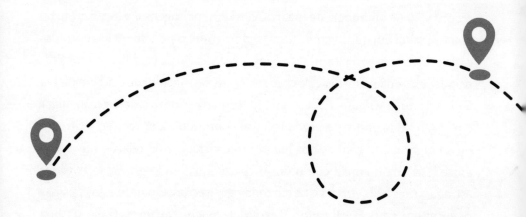

curvas da estrada, nos objetos naturais ao longo do caminho. Deve estudar mapas até que desperte um novo interesse por eles, assim como fez o homem que usou o diretório para se interessar por nomes. Ela deve buscar um pequeno livro de geografia e estudar direção, distâncias, localização, formato e forma de países, etc, não como uma coisa meramente mecânica, mas como um assunto de interesse vivo. Se houvesse uma grande soma de dinheiro esperando sua chegada a determinadas seções do globo, você manifestaria um interesse decidido na direção, localidade e posição desses lugares, e na melhor maneira de chegar até eles. Em pouco tempo, você seria um autêntico livro de referência sobre esses pontos especiais. Ou, se o amor da sua vida lhe esperasse em algum desses lugares, você faria o mesmo. A coisa toda está no grau do "querer" em relação ao assunto. O desejo desperta o interesse; o interesse emprega a atenção; e a atenção traz uso, desenvolvimento e memória. Portanto, você deve primeiro *querer* desenvolver a faculdade de localidade – e querer forte o bastante. O resto é mera questão de detalhe.

Uma das primeiras coisas a fazer, depois de despertar o interesse, é observar cuidadosamente os pontos de referência e as posições relativas das ruas ou estradas pelas quais você viaja. Muitas pessoas viajam ao longo de uma nova rua ou estrada de maneira distraída, sem dar atenção à configuração do terreno à medida que avançam. Isso é fatal para a memória de

lugar. Você deve observar as vias públicas e as coisas ao longo do caminho. Faça uma pausa nas encruzilhadas ou nas esquinas e repare nos pontos de referência, nas direções em geral e nas posições relativas, até que sejam firmemente impressos em sua mente. Comece a ver de quantas coisas você consegue se lembrar até mesmo depois de uma pequena caminhada para se exercitar. E, quando voltar para casa, repasse o trajeto em sua mente e veja quanto da direção e de quantos marcos você é capaz de se lembrar. Pegue seu lápis e empenhe-se para *fazer um mapa* de sua rota, dando as direções gerais, anotando o nome das ruas e os principais objetos de interesse. Fixe a ideia de "Norte" em sua mente ao começar, e mantenha-se orientado por ela ao longo de toda a viagem e durante a elaboração do mapa. Você se surpreenderá com o tamanho interesse que logo desenvolverá nesse mapeamento. Será um jogo e tanto, e você experimentará prazer em aumentar sua proficiência nisso. Quando sair para uma caminhada, faça caminhos diferentes, dando tantas voltas e mais voltas quanto possível, a fim de exercitar sua faculdade de localidade e direção – mas sempre observe cuidadosamente a direção e o curso geral, para que possa reproduzir tudo corretamente em seu mapa quando retornar. Se tiver um mapa da cidade, compare-o com o seu próprio mapinha e também refaça sua rota, na imaginação, no papel. Com um mapa da cidade, ou mapa rodoviário, você pode se divertir muito ao refazer a rota de suas pequenas jornadas.

Sempre tome nota do nome das várias ruas por onde passa, bem como o daquelas que atravessa durante sua caminhada. Anote-o em seu mapa e você perceberá o desenvolvimento de uma memória que melhora rapidamente nesse sentido, por ter despertado o interesse e dispensado atenção. Tenha orgulho de sua criação de mapas. Se tiver um companheiro nisso, esforcem-se para derrotar um ao outro nesse jogo: ambos viajando juntos pela mesma rota e, depois, vendo quem consegue se lembrar do maior número de detalhes da jornada.

Similar e complementar a isso é o plano de selecionar, no mapa de sua cidade, uma rota a ser percorrida, procurando fixar em sua mente o rumo geral, o nome de ruas, as curvas, a viagem de volta, etc. antes de começar.

QUANDO SAIR PARA UMA CAMINHADA, FAÇA CAMINHOS DIFERENTES, DANDO TANTAS VOLTAS E MAIS VOLTAS QUANTO POSSÍVEL, A FIM DE EXERCITAR SUA FACULDADE DE LOCALIDADE E DIREÇÃO.

Comece mapeando assim uma viagem curta e aumente o tamanho do trajeto a cada dia. Depois de mapear seu passeio, deixe o mapa de lado e faça pessoalmente a viagem. Se quiser, leve o mapa e descubra variações de vez em quando. Obtenha o hábito do mapa em todas possíveis formas e variações, mas não dependa exclusivamente dele; em vez disso, empenhe-se para correlacionar o mapa impresso com o mapa mental que você está construindo no cérebro.

Se estiver prestes a fazer uma viagem a um lugar desconhecido, estude seus mapas cuidadosamente antes de ir e exercite sua memória reproduzindo-os a lápis. Então, conforme viaja, compare os lugares com o seu mapa, e você descobrirá um interesse completamente novo pela viagem. Ela começará a significar algo para você. Se estiver prestes a visitar uma cidade estranha, consiga um mapa dela antes de iniciar, e comece observando os pontos cardeais da bússola, estude o mapa: as direções das ruas mais importantes e as posições relativas dos principais pontos de interesse, edifícios, etc. Desta forma, você não apenas desenvolve sua memória para lugares, e fica à prova de se perder, mas também fornece à sua visita uma fonte de novo e grande interesse.

As sugestões acima são suscetíveis a maior expansão e variação por parte de quem as pratica. A coisa toda depende de "reparar" e usar a atenção, e essas coisas, por sua vez, dependem de se interessar pelo assunto. Se alguém "se despertar e se interessar" pelo assunto de localidade e direção, poderá desenvolver-se ao longo das linhas de memória para lugar em um grau quase incrível, em um tempo comparativamente curto. Não há outro aspecto da memória que responda de modo tão rápido ao uso e exercício como esse. Temos em mente uma senhora que era notoriamente deficiente da memória para lugar e, com certeza, se perderia a poucas quadras de seu ponto de parada, onde quer que estivesse. Ela parecia absolutamente destituída de senso de direção ou localidade, e muitas vezes se perdia em corredores de hotéis, apesar de ter viajado por todo o mundo com o marido durante anos. O problema, sem dúvida, vinha do fato de que ela dependia completamente do esposo como piloto, sendo um casal inseparável. Bem, o marido morreu e a senhora perdeu seu piloto. Em vez de render-se ao desespero, ela começou a se colocar à altura do desafio: não tendo piloto, ela tinha de pilotar sozinha. E foi forçada a "se despertar e observar". Ela foi obrigada a viajar por alguns anos, a fim de encerrar certos assuntos de negócios do marido – pois ela era uma boa mulher de negócios, apesar de sua falta de desenvolvimento nesse outro quesito. E, a fim de locomover-se com segurança, ela foi forçada a se interessar por onde estava indo. Antes que as viagens de dois anos terminassem, ela era tão boa viajante como seu cônjuge jamais fora, e frequentemente era solicitada como guia por outras pessoas, em cuja companhia por acaso estivesse. Ela explicou isso dizendo: "Ora, não sei bem como fiz isso... eu simplesmente *tive de fazê-lo*, só isso... e eu simplesmente *fiz*." Veja só, outro exemplo do porquê de uma mulher. O que essa boa senhora "simplesmente fez" foi realizado seguindo de modo instintivo o plano que sugerimos a você. Ela "simplesmente *teve de*" usar mapas e "observar". Essa é a história toda.

Tão verdadeiros são os princípios subjacentes a este método de desenvolver a memória para lugar, que uma pessoa nela deficiente pode, desde que desperte um profundo interesse e agarre-se a ele, desenvolver essa faculdade a tal ponto, que quase competirá com o gato que "sempre volta" ou o cachorro que "você não consegue perder". Os índios, árabes, ciganos e outros povos de planície, floresta, deserto e montanha, têm essa faculdade tão altamente desenvolvida, que parece quase um sentido extra. Isso trata-se dessa matéria de observação aguçada por necessidade, uso e exercício contínuos, em alto grau. A mente responderá à necessidade se a pessoa, como aquela senhora, "simplesmente *tiver de*". As leis da Atenção e Associação farão maravilhas quando ativamente acionadas por interesse ou necessidade, seguidas de exercício e uso. Não há mágica no processo, apenas o "querer a coisa" e "manter-se nela"; isso é tudo. Você quer com bastante força? Você tem determinação para manter-se nisso?

Como se lembrar de números

A faculdade para número – conhecer, reconhecer e lembrar-se de valores no abstrato e em sua relação um com o outro – varia muito substancialmente entre os diferentes indivíduos. Para alguns, algarismos e números são apreendidos e lembrados com facilidade, enquanto outras pessoas não veem neles interesse, atração ou afinidade e, consequentemente, esses não podem ser lembrados. Por via de regra, as melhores autoridades admitem que a memorização de datas, valores, números, etc, é o mais difícil de qualquer um dos aspectos da memória. Mas todos concordam que a faculdade pode ser desenvolvida pela prática e pelo interesse. Houve casos de pessoas que desenvolveram essa faculdade mental a um grau quase incrível, e de outras que começaram com aversão a números e, depois, desenvolveram um interesse que resultou na aquisição de um grau notável de proficiência ao longo dessas linhas.

Muitos dos célebres matemáticos e astrônomos desenvolveram memórias maravilhosas para números. Conta-se que Herschel era capaz de se lembrar de todos os detalhes das contas intrincadas em seus cálculos astronômicos, até mesmo os algarismos das frações. Segundo dizem, ele era capaz de realizar os cálculos mais intrincados de cabeça, sem uso de caneta ou lápis, e, então, ditava ao assistente todos os detalhes do processo, incluindo os resultados finais. Tycho Brahe, astrônomo, também possuía uma memória semelhante. É dito que ele teria se rebelado ao ser forçado a consultar tabelas impressas de raízes quadradas e cúbicas, e começou a trabalhar para memorizar o conjunto inteiro das tabelas – tarefa quase incrível que realizou na metade de um dia. Isso demandou a memorização de mais de 75 mil números e suas relações entre si. Euler, o matemático, ficou cego na velhice e, sendo incapaz de consultar suas tabelas, memorizou-as. Conta-se que ele era capaz de repetir, de memória, as primeiras seis potências de todos os números de um a cem.

Wallis, o matemático, foi um prodígio nesse aspecto. Segundo relatos, ele teria sido capaz de extrair mentalmente a raiz quadrada de um número, com precisão de quarenta casas decimais, e em certa ocasião extraiu de cabeça a raiz cúbica de um número de trinta algarismos. Conta-se que Dase multiplicava mentalmente dois números de cem algarismos cada. Um jovem chamado Mangiamele realizava as mais impressionantes façanhas da aritmética mental. Relatórios mostram que, após um célebre teste perante membros da Academia Francesa de Ciências, ele foi capaz de extrair a raiz cúbica de 3.796.416 em trinta segundos e, a raiz décima de 282.475.289 em três minutos. Ele também resolveu de imediato a seguinte questão, colocada por Arago: "Qual número tem a seguinte proporção: Se cinco vezes o número for subtraído do cubo do número mais cinco vezes o quadrado do número, e nove vezes o quadrado do número for subtraído desse resultado, restará 0?" A resposta, 5, foi

dada de imediato, sem colocar um número sequer no papel ou no quadro. É relatado que um caixa de banco de Chicago foi capaz de restaurar mentalmente as contas do banco, que haviam sido destruídas no grande incêndio daquela cidade, e sua contabilidade, que foi aceita pelo banco e pelos depositantes, mostrou-se em concordância perfeita com os outros memorandos do caso, sendo que o trabalho por ele realizado foi apenas de memória.

Bidder era capaz de dizer instantaneamente o número de *farthings* (um quarto de penny) na soma de 868 libras, 42 xelins, 121 pence. Buxton calculou mentalmente o número de oitavos de polegada cúbica que havia em uma massa quadrangular de 23.145.789 jardas de comprimento, 2.642.732 jardas de largura e 54.965 jardas de espessura. Também calculou de cabeça as dimensões de uma propriedade irregular de cerca de mil acres, dando o valor em acres e *perches* quadrados, reduzindo-o, então, a polegadas quadradas e, em seguida, reduzindo-o à largura de um fio de cabelo ao quadrado, estimado em 2.304 por polegada quadrada, 48 para cada lado. O prodígio matemático Zerah Colburn foi, talvez, o mais notável de qualquer uma dessas pessoas impressionantes. Quando apenas criança, ele começou a desenvolver as mais fascinantes qualidades mentais em relação aos números. Ele era capaz de fazer instantaneamente o cálculo mental do número exato de segundos ou minutos que havia em um determinado tempo. Em uma ocasião, calculou o número de minutos e segundos contidos em 48 anos, dando a resposta, "25.228.800 minutos e 1.513.728.000 segundos", quase no mesmo instante. Ele conseguia, de modo instantâneo, multiplicar qualquer número de um a três algarismos por outro com a mesma quantidade de algarismos; fatorar qualquer número de seis ou sete algarismos; e, a partir de um dado número, dizer se ele é primo ou não e calcular sua raiz quadrada e cúbica. Ele elevou mentalmente o número 8, de modo progressivo, à 16ª potência, resultando em 281.474.976.710.656, e deu a raiz quadrada de 106.929. Extraiu mentalmente a raiz cúbica de 268.336.125 e a quadrada de 244.999.755 e de 1.224.998.755. Em cinco segundos, calculou a raiz cúbica de 413.993.348.677. Ele encontrou os fatores de 4.294.967.297, que já havia, anteriormente, sido considerado um número primo. Calculou mentalmente o quadrado de 999.999, que é 999.998.000.001, e, depois, multiplicou esse número por 49, e o produto, pelo mesmo número, e o todo por 25 – este último como uma medida extra.

A grande dificuldade de se lembrar de números, para a maioria das pessoas, é o fato de "não significarem nada para elas" – isto é, os números são pensados apenas em sua natureza e seu aspecto abstratos e, consequentemente, são muito mais difíceis de se lembrar do que as impressões recebidas pelos sentidos da visão ou audição. O remédio, entretanto, torna-se aparente quando reconhecemos a origem da dificuldade. A solução é: *faça dos números assunto de impressões sonoras e visuais*. Conecte a ideia abstrata dos números ao sentido de uma dessas duas impressões, ou das duas ao mesmo tempo, de acordo com qual seja mais desenvolvida em seu caso particular. Pode ser difícil para você se lembrar de "1848" como algo abstrato, mas é relativamente fácil lembrar-se do *som* de "dezoito quarenta e oito" ou da *forma e aparência* de "1848". Se repetir um número para si mesmo, de modo a captar a impressão sonora dele, ou visualizá-lo de forma que poderá lembrar-se de tê-lo *visto*, então você estará muito mais apto a lembrar-se dele do que se simplesmente pensasse nele sem referência de som ou forma. Você talvez esqueça que o número de uma determinada loja ou casa é 3948, mas pode facilmente se lembrar do som das palavras faladas: "três mil, novecentos e quarenta e oito", ou do formato de "3948", como aparecendo diante de seus olhos na porta do local. Nesse último caso, você associa o número com a porta e, ao visualizá-la, visualiza o número.

Kay, falando de visualização, ou reprodução de imagens mentais de coisas a serem lembradas, diz: "Aqueles que se destacaram por seu poder de realizar processos longos e intrincados de cálculo mental devem isso à mesma causa." Taine diz: "As crianças acostumadas a calcular de cabeça, escrevem mentalmente com giz, em um quadro-negro imaginário, os valores em questão; depois, todas as operações parciais; então, a soma final; de modo que veem internamente as diferentes linhas de algarismos brancos com os quais se ocupam." O jovem Colburn, que nunca havia frequentado a escola e não sabia ler nem escrever, disse, ao fazer seus cálculos, que ele "os via claramente diante de si". Outro disse que "enxergava os números com os quais estava trabalhando como se tivessem sido escritos em uma lousa". E Bidder relatou: "Se eu executo uma soma mentalmente, ela sempre ocorre de forma visível em minha mente; na verdade, não consigo conceber nenhuma outra maneira possível de fazer aritmética mental".

Conhecemos ajudantes de escritório que nunca conseguiam se lembrar do número de um endereço antes que esse fosse claramente repetido para si várias vezes; então, memorizavam o *som* e nunca o esqueciam. Outros esquecem sons, ou não os registram na mente; mas, após verem uma vez o número na porta de um escritório ou loja, podem repeti-lo em um instante, dizendo que mentalmente "conseguiam ver os números na porta". Você descobrirá, por meio de uma pesquisa rápida, que a maioria das pessoas se lembra de algarismos ou números dessa maneira, e que pouquíssimas conseguem se lembrar deles como coisas abstratas. Por falar nisso, para a maior parte dos indivíduos é difícil até mesmo pensar em um número de forma abstrata. Experimente você mesmo e comprove se não se lembra de um número como um *som de palavras* ou, então, como a imagem ou visualização mental do *formato dos algarismos*. E, a propósito, qualquer que seja, visão ou som, esse tipo particular de lembrança é a *sua* melhor maneira de se lembrar de números, e lhe dá, consequentemente, o caminho pelo qual você deve proceder para desenvolver este aspecto da memória.

A lei da Associação pode ser usada de modo proveitoso na memorização de números. Por exemplo, conhecemos uma pessoa que se lembrava do número 186 mil (o número de milhas por segundo viajadas pelas ondas de luz no éter) por associá-lo ao número do antigo estabelecimento comercial de seu pai, "186". Outra lembrava-se de seu número de telefone, "1876", por recordar a data da Declaração da Independência. Outro, o número de Estados da União, associando-o aos dois últimos algarismos do número de seu local de trabalho. Mas, de longe, a melhor maneira de memorizar datas, números especiais ligados a eventos, etc. é visualizar a imagem do evento com a figura da data ou do número, combinando, assim, as duas coisas em uma imagem mental, cuja associação será preservada quando for recuperada. Versos bobinhos, como "um-quatro-nove-dois, Colombo navegou e voltou depois", ou "em mil oitocentos e sessenta e um, guerra civil começou com um *bum!*", têm seus lugares e usos. Mas é muito melhor cultivar "a visão ou o som" de um número do que depender de métodos associativos complicados baseados em vínculos e ligações artificiais.

Por fim, como dissemos nos capítulos anteriores, antes que se possa desenvolver uma boa memória em um assunto, deve-se primeiro cultivar o interesse por ele. Portanto, se mantiver vivo seu interesse por números, resolvendo alguns problemas de matemática de vez em quando, descobrirá que os algarismos começarão a ter um novo interesse para você. Um pouco de aritmética elementar usada com interesse, fará mais para iniciá-lo no caminho de "Como se lembrar de números" do que uma dúzia de livros sobre o assunto. Na memória, as três regras são: "Interesse, Atenção e Exercício" e a última é a mais importante, pois sem ela as outras falham. Você, à medida que prossegue, ficará surpreso ao ver quantas coisas interessantes existem nos números. A tarefa de repassar a aritmética elementar não será tão árida como na sua infância. Descobrirá todo o tipo de coisas "esquisitas" em relação aos números.

Como se lembrar de música

Como todas as outras faculdades da mente, a de música ou melodia manifesta-se em graus variados em indivíduos diferentes. Para alguns, a música parece ser compreendida quase instintivamente, enquanto outros a alcançam apenas com grande esforço e muito trabalho. Para alguns, a harmonia é natural e a desarmonia causa repulsa; já para outros não conseguem reconhecer a diferença entre as duas coisas, exceto em casos extremos. Alguns parecem ser a própria alma da música, enquanto outros não têm nenhuma noção do que possa ser isso. Há, então, a manifestação dos diferentes aspectos do conhecimento da música. Alguns tocam bem de ouvido, mas são desajeitados e ineficientes quando se trata de tocar pelas notas. Outros tocam corretamente de maneira mecânica, mas não conseguem reter a memória da música que ouviram. Na verdade, um bom músico é quem combina dentro de si ambas faculdades citadas: a percepção de ouvido para música e a capacidade de executar corretamente a partir das notas.

Há muitos casos registrados em que poderes extraordinários de memória musical foram manifestados. Fuller relata os seguintes exemplos desse aspecto particular da memória: Carolan, o maior dos bardos irlandeses, encontrou-se certa vez com um músico eminente e o incitou a um teste das respectivas habilidades musicais. O desafio foi aceito e o rival de Carolan tocou no violino um dos concertos mais difíceis de Vivaldi. Ao final da apresentação, Carolan, que nunca ouvira aquela peça antes, pegou sua harpa e tocou o concerto do começo ao fim, sem cometer um erro sequer. Seu rival, então, reconheceu a derrota, inteiramente convencido da superioridade de Carolan, como devia ser. Beethoven conseguia reter na memória qualquer composição musical que tivesse ouvido, por mais complexa que fosse, e conseguia reproduzir a maior parte dela. Ele podia tocar de cabeça cada uma das composições do *Cravo Bem-Temperado*, de Bach, havendo 48 prelúdios e o mesmo número de fugas, que, na complexidade do movimento e na dificuldade da execução, são quase incomparáveis, pois cada uma dessas composições são escritas no estilo mais abstruso de contraponto.

"Mozart, aos quatro anos de idade, conseguia lembrar-se, nota a nota, dos elaborados solos de concertos que havia ouvido. Ele aprendia um minueto em meia hora e até compunha peças curtas desde muito novo. Aos seis anos, já era capaz de compor sem o auxílio de um instrumento e continuou a progredir rapidamente na memória e no conhecimento musicais. Aos catorze, foi a Roma na Semana Santa. Na Capela Sistina, todos os dias era executada *Miserere*, de Allegri, cuja partitura Mozart desejava obter, mas soube que não era permitido fazer cópias. Ele escutou atentamente a execução, ao final da qual escreveu a partitura inteira de memória, sem erro. Outra vez, Mozart foi contratado para contribuir com uma composição original, a ser executada por um famoso violinista e ele mesmo, em Viena, diante do imperador José. Ao chegar ao local designado, Mozart descobriu que se esquecera de trazer o papel do que tocaria. Nada consternado, ele colocou uma folha em branco diante de si e desempenhou sua parte de memória, sem cometer erros. Quando a ópera *Don Giovanni* foi apresentada pela primeira vez, não houve tempo para copiar a partitura para o cravo, mas Mozart estava à altura da ocasião: ele regeu a ópera inteira e tocou o acompanhamento de cravo para as canções e os coros sem sequer uma nota escrita diante de si.

Existem muitos exemplos bem atestados da impressionante memória musical de Mendelssohn. Certa vez, ele deu um grande concerto em Londres, no qual sua abertura para *Sonho de uma noite de verão* foi produzida. Havia somente uma cópia da partitura completa, ficando a cargo do organista da Catedral de São Paulo, que infelizmente a deixou em uma carruagem alugada. Em consequência disso, Mendelssohn escreveu outra partitura de cabeça, sem erro. Em outro momento, quando estava prestes a dirigir uma execução pública da *Música da paixão*, de Bach, ele descobriu, ao subir na plataforma de maestro, que, em vez da partitura da obra a ser executada, a de outra composição havia sido trazida por engano. Sem hesitar, Mendelssohn conduziu com sucesso essa complicada obra, de memória, automaticamente virando folha após folha da partitura diante de si, à medida que a peça progredia, de modo que nenhum sentimento de desconforto entrasse na mente da orquestra e dos cantores. Gottschalk, dizem, conseguia reproduzir de cabeça vários milhares de composições, incluindo muitas das obras de Bach. O notável maestro Vianesi raramente tinha partitura diante de si na condução de uma ópera, sabendo de cor cada nota de muitas óperas."

Veremos que dois aspectos devem entrar na memória para música: a memória de melodia e a das notas. A memória de melodia, é claro, pertence à classe das impressões auditivas, e o que foi dito a respeito delas também se aplica a este caso. A memória das notas cai na classificação das impressões oculares, e as regras dessa classe se aplicam neste caso. Quanto ao cultivo da memória para melodia, o principal conselho a ser dado é que o estudante tome um interesse ativo em tudo que é concernente ao som da música, e também aproveite todas as oportunidades para escutar boa música e se esforçar para reproduzi-la na imaginação ou na memória. Empenhe-se para entrar no espírito da música, até que ele se torne parte de você. Não se contente apenas em escutá-la, mas entregue-se a uma *percepção* de seu significado. Quanto mais a música "significar para você", mais facilmente se lembrará dela. O plano seguido por muitos estudiosos, principalmente os de música vocal, é ter alguns compassos de uma peça sendo tocados várias vezes, até conseguir cantarolá-los corretamente; então, adicione mais alguns; depois mais alguns e assim por diante. Cada adição deve ser revisada em conexão com o que foi aprendido antes, para que a cadeia de associação possa ser mantida ininterrupta. O princípio é o mesmo da criança que aprende seu A.B.C: ela se lembra de "B" porque segue "A". Com esse acréscimo constante de "só um pouquinho mais", acompanhado de revisões frequentes, peças longas e difíceis podem ser memorizadas.

A memória para notas pode ser desenvolvida pelo método supracitado, o de aprender bem alguns compassos, e, então, adicionar mais alguns, e frequentemente revisar o que tiver aprendido, forjando, pela prática frequente, os elos de uma associação à medida que avança. Sendo esse método inteiramente de impressão visual e sujeito às suas regras, você deve observar a ideia da visualização, isto é, aprender cada traço até conseguir *vê-lo* "com o olho da mente", conforme prossegue. Mas nesta, como em muitas outras impressões visuais, você descobrirá que será muito auxiliado por sua memória para o *som* das notas, além da aparência delas. Tente associar as duas tanto quanto possível, de modo que, quando *vir* uma nota, você *ouça* o som dela, e quando *ouvir* uma nota soar, você a *veja* aparecendo na partitura. Essa combinação das impressões tanto de imagem quanto de som, proporcionará o benefício da impressão de sentido dobrado, que resulta em duplicar a eficiência de sua memória. Além de visualizar as próprias notas, o estudante deve adicionar a aparência dos vários símbolos que denotam a chave, o tempo, o movimento, a expressão, etc. a fim de poder cantarolar as notas visualizadas, com expressão e interpretação corretas. Mudanças de tonalidade, tempo ou movimento devem ser cuidadosamente notados na memorização das notas. E, acima de tudo, memorize o *sentimento* daquela parte específica da partitura, para que possa não apenas ver e ouvir, mas também *sentir* aquilo que está sendo recordado.

Aconselharíamos o estudante a praticar a memorização de canções simples no início, por vários motivos. Um deles é que essas canções se prestam prontamente à memorização, e a cadeia de fácil associação costuma ser mantida do começo ao fim.

Nesse aspecto da memória, como em todos os outros, acrescentamos os conselhos: Interesse-se, dê atenção, pratique e exercite com tanta frequência quanto possível. Você pode estar cansado dessas palavras, mas elas constituem os princípios básicos do desenvolvimento de uma memória retentiva. As coisas devem ser impressas na memória antes de poderem ser recordadas. Isso deve ser lembrado em todas as considerações sobre o assunto.

Como se lembrar de acontecimentos

O aspecto da memória que se manifesta no registro e na recordação de ocorrências e detalhes da vida cotidiana de alguém é muito mais importante do que parece à primeira vista. A pessoa comum tem a impressão de que se lembra muito bem dos acontecimentos nos seus negócios, na sua vida profissional ou social do cotidiano, e pode surpreender-se ao lhe sugerirem que ela, de fato, lembra-se apenas de muito pouco do que lhe acontece durante suas horas acordadas. Para provar quão pouco disso é realmente lembrado, que cada estudioso deste livro largue-o neste ponto, e, então, aquietando a mente, empenhe-se para recordar os incidentes deste mesmo dia da semana anterior. Você ficará surpreso ao ver de quão pouco do que aconteceu naquele dia é realmente capaz de se recordar. Em seguida, tente o mesmo experimento com as ocorrências de ontem – este resultado também causará surpresa. É verdade que, se lhe lembrarem de algum acontecimento em particular, você se recordará dele, mais ou menos distintamente; mas, fora isso, você não se lembrará de nada. Imagine-se sendo chamado a testemunhar perante um tribunal, a respeito dos acontecimentos do dia anterior ou da semana anterior, e você se dará conta de sua posição.

O motivo desse fracasso em se lembrar facilmente dos eventos mencionados encontra-se no fato de que você não fez nenhum esforço na época para imprimir esses acontecimentos em sua mentalidade subconsciente. Você permitiu que passassem por sua atenção como a proverbial "água nas costas do pato". Você não queria ser incomodado com a lembrança de ninharias e, ao se esforçar para escapar delas, cometeu o erro de não as guardar. Há uma ampla diferença entre permanecer no passado e armazenar registros passados para possível consulta futura. Permitir que os registros de cada dia sejam destruídos é como rasgar papéis importantes de negócios em um escritório, a fim de evitar dar-lhes um pouco de espaço nos arquivos.

Não é aconselhável despender de muito esforço mental para fixar na mente cada detalhe importante do dia, à medida que ele ocorre; porém existe uma maneira mais fácil de cumprir o propósito, se alguém se esforçar um pouco nesse sentido. Referimo-nos à prática de *revisar* as ocorrências de cada dia, após o término do trabalho ativo diário. Se der aos acontecimentos de cada dia uma revisão mental à noite, você descobrirá que o ato de revisar empregará a atenção a tal ponto, que registrará os ocorridos de modo que estejam disponíveis caso sejam necessários depois. É similar ao depósito dos papéis comerciais do dia, para possível referência futura. Além dessa vantagem, essas revisões servirão bem como um lembrete de muitas coisinhas de importância imediata que escaparam de sua memória, por causa de algo que as seguiu no campo das atenções.

Você descobrirá que um pouco de prática lhe permitirá revisar os acontecimentos do dia com um surpreendente grau de precisão de detalhes, em um espaço de tempo muito curto. Parece que a mente responde prontamente a essa demanda. O processo parece assemelhar-se ao de uma digestão mental, ou melhor, ao de uma ruminação mental, similar ao da vaca quando mastiga de novo o alimento recebido anteriormente. A coisa é, em grande parte, um "jeitinho" facilmente adquirido com um pouco de

> "... um pouco de prática lhe permitirá revisar os acontecimentos do dia com um surpreendente grau de precisão de detalhes, em um espaço de tempo muito curto."

prática. Ela compensará o pequeno esforço e tempo gastos nisso. Como dissemos, você não apenas obtém a vantagem de armazenar esses registros diários para um uso futuro, mas também tem sua atenção atraída para muitos detalhes importantes que lhe escaparam; e você descobrirá que muitas ideias interessantes lhe virão em seus momentos de "ruminação" tranquila. Deixe que este trabalho seja feito à noite, quando você estiver confortável. Mas não o faça após se deitar; a cama é feita para dormir, não para pensar. Você descobrirá que o subconsciente vai despertar para o fato de que será convocado mais tarde para os registros do dia e, consequentemente, observará o que acontecer de uma forma muito mais diligente e fiel. O subconsciente responde de maneira surpreendente a um chamado feito a ele, uma vez que entende exatamente o que lhe é exigido. Você verá que muito da virtude do plano recomendado consiste no fato de que, na revisão, a atenção é empregada de um modo impossível de ser feito durante a pressa e a correria do trabalho do dia a dia. As impressões fracas são trazidas para exame, e a atenção do exame e da revisão as aprofunda muito, de modo que podem ser reproduzida posteriormente. Em uma frase: é *o aprofundamento das impressões fracas do dia.*

Thurlow Weed, um conhecido político do século passado, atesta a eficácia do método supracitado, em suas *Memórias*. Seu plano era ligeiramente diferente do mencionado, mas você logo verá que envolve os mesmos princípios, a mesma psicologia. O sr. Weed diz: "Alguns de meus amigos costumavam achar que eu fora talhado para político, mas eu logo via uma fraqueza fatal. Eu tinha cabeça de vento. Não conseguia me lembrar de nada. Datas, nomes, compromissos, rostos – tudo me escapava. Eu dizia à minha esposa: 'Catherine, nunca serei um político de sucesso, pois eu não consigo me lembrar de nada, e essa é uma necessidade primordial para a classe. Um político que vê um homem uma vez deveria lembrar-se dele para sempre.' Minha esposa me disse que eu deveria treinar minha memória. Assim, quando cheguei a casa naquela noite, sentei-me sozinho e passei quinze minutos em silêncio, tentando recordar-me com precisão dos principais acontecimentos do dia. Consegui relembrar de uns poucos no início – recordo-me de que eu não consegui me lembrar do que havia comido no café da manhã. Depois de alguns dias de prática, descobri que conseguia me recordar de mais coisa. Os eventos voltavam para mim de forma mais minuciosa, mais acurada e mais vívida do que inicialmente. Após cerca de duas semanas me exercitando, Catherine disse: 'Por que você não me conta os acontecimentos do dia, em vez de recordá-los para si mesmo? Seria interessante, e meu interesse nisso seria um estímulo para você.' Tendo muito respeito pela opinião de minha esposa, comecei um hábito de confissão oral, por assim dizer, que continuou por quase cinquenta anos. Todas as noites, a última coisa feita antes de me recolher era contar-lhe tudo que eu conseguia me lembrar do que havia acontecido comigo, ou perto de mim, durante o dia. Geralmente me recordava até das louças que usara no café da manhã, no jantar e no chá, das pessoas que vira e do que me disseram, dos editoriais que escrevera para meu jornal, dando-lhe um breve resumo deles. Eu citava todas as cartas que tinha visto e recebido, inclusive a linguagem nelas usada, o mais fiel possível. Quando havia caminhado ou cavalgado, eu lhe dizia tudo o que entrara no alcance de minha observação. Descobri que, a cada ano, conseguia recitar minha tarefa melhor e melhor, e, em vez da prática tornar-se maçante, era um prazer relembrar os acontecimentos do dia. Tenho uma dívida com essa disciplina pela memória de tenacidade incomum e recomendo a prática a todos que desejam armazenar fatos ou que têm a expectativa de influenciar homens".

O estudante cuidadoso, após ler essas palavras de Thurlow Weed, verá que, nelas, ele não apenas deu um método para recordação da classe particular de acontecimentos mencionada nesta lição, mas também apontou uma maneira pela qual todo o campo da memória pode ser treinado e desenvolvido. O hábito de revisar e contar as coisas que você percebe, faz e pensa durante o dia, naturalmente aguça seus poderes de observação, atenção e percepção futuras. Se testemunhar algo que sabe que será solicitado a descrever a outra pessoa, você instintivamente aplicará sua atenção naquilo. A consciência de que lhe será requisitada a descrição de uma coisa, dará a ela o tempero do interesse ou da necessidade, que, de outra forma, talvez lhe faltasse. Se "sentir" as coisas sabendo que será solicitado a falar sobre elas mais tarde, você conferirá o interesse e a atenção necessários para criar impressões nítidas, claras e profundas na memória. Nesse caso, ver e ouvir terão "um significado" e um propósito para você. Além disso, o trabalho de revisão estabelece um hábito mental desejável. Se você não tem vontade de contar os acontecimentos a outra pessoa, aprenda a contá-los a si mesmo à noite. Represente o outro papel você mesmo. Há um segredo valioso de memória embutido neste capítulo, se você for sábio o bastante para aplicá-lo.

Como se lembrar de fatos

Ao falar deste aspecto da memória, usamos a palavra "fato" no sentido de "um determinado item de conhecimento", em vez de no sentido de "um acontecimento, etc". Nesse sentido, a memória para fatos é a capacidade de armazenar e coletar itens de conhecimento relacionados a alguma coisa sob particular consideração. Se estivermos considerando o assunto "cavalo", os "fatos" que desejamos lembrar são os vários itens de informação e conhecimento a respeito de cavalo que adquirimos durante nossa experiência; fatos que vimos, ouvimos ou lemos, em relação ao animal em questão e àquilo que lhe diz respeito. Estamos continuamente adquirindo itens de informação a respeito de todos os tipos de assuntos e, contudo, quando desejamos recordá-los, muitas vezes achamos a tarefa um tanto difícil, embora as impressões originais fossem bastante claras. A dificuldade deve-se grandemente à verdade de que os vários fatos estão associados em nossa mente apenas por contiguidade no tempo ou espaço, ou ambos, faltando as associações de relação. Em outras palavras, não classificamos nem indexamos adequadamente nossos pedacinhos de informação, e não sabemos por onde começar a procurá-los. É como a confusão do empresário que guardava todos seus papéis em um barril, sem índice ou ordem.

Ele sabia que estavam todos *lá*, mas tinha muito trabalho para encontrar qualquer um deles quando necessário. Ou, somos como o tipógrafo, cujos tipos viraram uma mixórdia e, em seguida, foram jogados todos em uma grande caixa. Quando ele tenta definir uma página de livro, acha difícil demais, se não impossível; ao passo que, se cada letra estivesse em sua caixa apropriada, ele configuraria a página em pouco tempo.

Essa questão de associação por relação é uma das coisas mais importantes em toda a questão de pensar, e o grau de pensamento correto e eficiente depende substancialmente disso. Não nos basta apenas "saber" uma coisa, temos de saber onde encontrá-la quando quisermos. Como disse certa vez o velho juiz Sharswood, da Pensilvânia: "Não é tanto conhecer a lei, mas saber *onde encontrá-la*". Kay coloca da seguinte forma: "Sobre as associações formadas por contiguidade no tempo ou no espaço, temos pouco controle. Elas são, por assim dizer, acidentais, dependendo da ordem na qual os objetos apresentam-se à mente. Por outro lado, a associação por similaridade é, em grande parte, colocada em nosso próprio poder; pois nós, em certa medida, selecionamos os objetos que devem ser associados e os colocamos juntos na mente. Devemos, no entanto, ter cuidado de somente associar coisas que desejamos que estejam associadas e que recordem umas às outras; e as associações que formamos devem ser baseadas

"Não nos basta apenas 'saber' uma coisa, temos de saber onde encontrá-la quando quisermos."

no fundamental e essencial, e não em meras semelhanças superficiais ou casuais. Quando as coisas são associadas por suas qualidades acidentais, e não pelas essenciais; pelas superficiais e não por suas relações fundamentais, elas não estarão disponíveis quando forem desejadas e serão de pouca utilidade real. Quando associamos o que é novo com o que mais se assemelha a ele na mente, damos-lhe seu devido lugar na estrutura de nosso pensamento. Por meio da associação por similaridade, amarramos nossas ideias, por assim dizer, em pacotes separados, e é da maior importância que todas as ideias que mais se assemelham entre si estejam num pacote".

A melhor maneira de adquirir associações corretas, e muitas associações, para um fato separado que você deseja armazenar de modo a ser recordado quando necessário – algum pedacinho de informação útil ou de conhecimento interessante, que possam ser úteis mais tarde – é *analisar* o fato e suas relações. Isso pode ser feito perguntando a si mesmo coisas a respeito do fato; cada item com o qual você o associa em suas respostas é uma "referência cruzada" adicional, por meio da qual pode encontrá-lo prontamente quando quiser. Como diz Kay: "Pode-se dizer que o princípio de fazer perguntas e obter respostas para elas caracteriza todo esforço intelectual". Esse é o método pelo qual Sócrates e Platão extraíam conhecimento de seus pupilos: preenchendo as lacunas e conectando fatos novos aos já conhecidos. Quando quiser considerar um fato, faça a si mesmo as seguintes perguntas:

I. De onde veio ou originou-se isso?
II. O que o causou?
III. Que história ou registro o relata?
IV. Quais são seus atributos, suas qualidades e suas características?
V. Quais coisas posso associar mais prontamente a ele? De que forma?
VI. Para que isso é bom? Como pode ser usado? O que posso fazer com isso?
VII. O que isso prova? O que pode ser deduzido disso?

VIII. Quais são seus resultados naturais? O que acontece por causa disso?

IX. Qual é seu futuro e seu fim/encerramento, natural ou provável?

X. O que eu penso disso, no geral? Quais são minhas impressões gerais a respeito disso?

XI. O que sei sobre isso, na forma de informações gerais?

XII. O que ouvi sobre isso? De quem? Quando?

    Se você se der ao trabalho de passar qualquer "fato" por esse exame rígido, você não só o conectará a centenas de outros fatos convenientes e familiares, de modo a se lembrar dele prontamente de vez em quando; mas também criará um novo assunto de informações gerais em sua mente, do qual este fato particular será o pensamento central. Sistemas semelhantes de análise foram publicados e vendidos por vários professores a preços elevados – e muitos homens consideraram que os resultados justificavam os gastos. Portanto, não passe por cima disso levianamente.

    Quanto mais fatos diferentes conseguir associar a um novo, mais ganchos você terá nos quais pendurar seus fatos; mais "pontas soltas" terá para puxá-los para o campo da consciência; mais referências cruzadas terá para chegar ao fato quando precisar dele. Quanto mais associações atribui a um fato, mais "significado" ele tem para você e mais interesse a respeito dele será criado em sua mente. Além disso, ao fazê-lo, você torna muito provável a recordação "voluntária" ou involuntária desse fato quando estiver pensando em alguns dos assuntos a ele associados; isto é, ele lhe virá à mente de forma natural, em conexão com outra coisa, de um modo "isso me lembra aquilo". E, quanto mais frequentemente você for "relembrado" de forma involuntária dele, mais clara e mais profunda torna-se essa impressão nos registros de sua memória. Quanto mais você usa um fato, mais fácil torna-se recordá-lo quando necessário. A caneta favorita de um homem lhe está sempre à mão, em uma posição lembrada, enquanto a borracha menos usada, ou algo semelhante, deve ser procurada, muitas vezes sem sucesso. E, quanto mais associações você confere a um fato, mais frequentemente ele tem chance de ser usado.

Outro ponto a ser lembrado é que a associação futura de um fato depende muito de seu sistema de arquivamento. Se pensar nisso ao empenhar-se para armazenar um fato para consulta futura, você estará muito apto a encontrar o melhor escaninho mental para ele. Arquive-o junto da *coisa com a qual mais se assemelha* ou com a qual tenha a relação mais familiar. A criança faz isso involuntariamente; é o caminho da própria natureza. Por exemplo, a criança vê uma zebra e arquiva esse animal como "um burro com listras"; uma girafa, como um "cavalo de pescoço comprido"; um camelo, como um "cavalo com pernas longas e tortas, pescoço comprido e corcovas nas costas". A criança sempre conecta seu novo conhecimento ou fato a algum fato ou pedaço de conhecimento familiar; às vezes o resultado é espantoso; não obstante, a criança lembra-se por meio disso. As crianças crescidas farão bem em construir elos de conexão de memória semelhantes. Conecte a coisa nova a alguma que lhe seja uma velha familiar. É fácil quando você já teve o jeitinho para isso uma vez. A lista de perguntas que apresentamos trará à mente muitos elos de conexão. Use-as.

Se precisar de alguma prova da importância da associação por relação e das leis que regem sua ação, você só precisa recordar-se da "linha de pensamento" ou "cadeia de imagens" comuns na mente, da qual nos tornamos conscientes quando estamos sonhando acordados ou nos entregando a devaneios, ou mesmo no pensamento em geral a respeito de qualquer assunto. Você verá que cada imagem ou ideia mentais, ou recordação, está associada e conectada ao pensamento anterior e ao que o segue. É uma cadeia sem-fim, até que algo de fora invada o assunto. Um fato brilha em sua mente, aparentemente vindo do espaço e sem qualquer referência a qualquer outra coisa. Nesses casos, você descobrirá que ele lhe ocorre ou porque você já havia colocado sua mentalidade subconsciente a trabalhar em algum problema ou pedaço de recordação, e a centelha foi um resultado tardio ou retardado, ou, então, o fato lhe veio à mente por causa de sua associação com algum outro, que, por sua vez, veio de um precedente, e assim por diante. Você ouve um apito de uma ferrovia distante e pensa em um trem; depois, em uma viagem; depois, em algum lugar longe; depois, em alguém naquele lugar; depois, em algum evento na vida dessa pessoa; depois, num evento semelhante na vida de outra pessoa; depois, naquela outra pessoa; depois, no irmão dela; depois, no último empreendimento comercial desse irmão; depois, nesse empreendimento; depois, em algum outro negócio semelhante; depois, em algumas pessoas naquele outro negócio; depois, na relação delas com um homem que você conhece; depois, no fato de que outro homem de nome similar ao do último lhe deve algum dinheiro; depois, em sua determinação em conseguir esse dinheiro; depois, você faz um memorando para colocar a reivindicação nas mãos de um advogado, para ver se o valor pode ser cobrado agora, embora no ano passado o homem estivesse "à prova de execução" – do distante apito da locomotiva, até a possível cobrança da dívida. E, contudo, os elos são esquecidos; o homem dirá que ele "por acaso pensou" no devedor, ou que, "de alguma forma, aquela centelha lhe veio à mente", etc. Mas não foi nada além da lei de associação; só isso. Além disso, você descobrirá agora que, sempre que ouvir a menção do termo "associação de ideias mentais", será lembrado da ilustração acima ou de parte dela. Nós forjamos um novo elo na cadeia de associação para você e, daqui a alguns anos, ele aparecerá em seus pensamentos.

Como se lembrar de palavras, etc.

No capítulo anterior, demos alguns exemplos de pessoas que desenvolveram imensamente sua memória para palavras, frases, etc. A história está repleta de exemplos desse tipo. Os modernos ficam muito atrás dos antigos nesse quesito; provavelmente porque não existe a necessidade atual dos feitos da memória que, antes, eram tidos como lugar-comum e não extraordinário. Entre os povos antigos, quando a impressão era desconhecida e os manuscritos, escassos e valiosos, era costume comum das pessoas aprenderem "de cor" os vários ensinamentos sagrados de sua respectiva religião. Os livros sagrados dos hindus foram transmitidos dessa maneira, e era algo comum entre os hebreus conseguir recitar os livros de Moisés e dos profetas inteiramente de cabeça. Até hoje, os muçulmanos fiéis são ensinados a guardar o *Alcorão* todo na memória. E a investigação sempre revela que tem sido usado o processo idêntico de guardar esses livros sagrados na memória e evocá-los à vontade – o método natural, e não o artificial. E, portanto, devemos devotar este capítulo unicamente a esse método pelo qual poemas ou prosas podem ser memorizados e facilmente recordados.

Este método natural de memorizar palavras, frases ou versos não é um caminho fácil. É um sistema no qual se chega a perito por trabalho constante e revisão fiel. Deve-se começar do início e progredir com esforço. Mas o resultado de tal trabalho surpreenderá quem não está familiarizado com ele. É exatamente o mesmo método que os hindus, hebreus, maometanos, nórdicos e as demais raças usaram para memorizar seus milhares de versos e centenas de capítulos dos livros sagrados de seu povo. É o método do ator de sucesso e do declamador popular, sem falar daqueles oradores que guardam cuidadosamente na memória seus discursos "improvisados" e "extemporâneos".

Esse sistema natural de memorização baseia-se no princípio já aludido neste livro, e pelo qual cada criança aprende o alfabeto e a tabuada de multiplicação, bem como a pequena "peça" que recita para o entretenimento dos pais apaixonados e dos amigos entediados da família. Esse princípio consiste em aprender uma linha de cada vez e revisá-la; em seguida, aprender uma segunda linha e revisá-la; e, então, revisar as duas linhas juntas, e assim por diante; sendo cada adição revisada em conexão com as anteriores. A criança aprende o som do "A", depois do "B", em seguida, associa os sons de "A, B", em sua primeira revisão. O "C" é adicionado e a revisão é executada: "A, B, C". E assim segue, até que seja alcançado o "Z" e a criança seja capaz de revisar a lista inteira de "A a Z". A tabuada de multiplicação começa com "dois vezes 1 é 2", depois "dois vezes 2 é 4"; e assim por diante, um pouco de cada vez, até que os "dois" terminem e os "três" comecem. Esse processo é mantido pela constante adição e revisão, até que os "(12 dozes)[4]" finalizem a lista, e a criança seja capaz de repetir a tabuada da primeira à última, de memória.

Porém tem mais coisa, no caso da criança, do que simplesmente aprender a repetir o alfabeto ou a tabuada, há também o fortalecimento da memória como resultado de seu exercício e uso. A memória, como todas as outras faculdades da mente ou todos os músculos do corpo, melhora

---

[4] A tabuada estudada na Inglaterra e nos Estados Unidos vai até o 12. (N.T.)

As coisas devem ser impressas na memória antes de poderem ser recordadas.

e se desenvolve pelo uso e pelos exercício inteligentes e racionais. Isso não apenas desenvolve a memória ao longo de determinada linha da faculdade usada, mas também ao longo de *toda* linha e *toda* faculdade. Isso porque o exercício desenvolve o poder de concentração e o uso da atenção voluntária.

Sugerimos que o estudante que deseja adquirir uma boa memória para palavras, frases, etc. comece imediatamente selecionando algum poema de que goste para o propósito da demonstração. Então, memorize um verso de não mais do que quatro ou seis linhas, para começar. Leia diversas vezes esse verso e aprenda-o perfeitamente, até que seja capaz de repeti-lo sem erros. Assegure-se de ser fiel em cada letra; tão perfeito, a ponto de "ver" até mesmo as letras maiúsculas e os sinais de pontuação ao recitar o verso. Depois, faça uma pausa. No dia seguinte, repita o verso aprendido no dia anterior e, então, memorize um segundo verso da mesma forma e com a mesma perfeição. Em seguida, revise o primeiro e o segundo versos juntos. O acréscimo do segundo ao primeiro serve para soldar os dois por associação, e cada revisão deles juntos serve para adicionar um pouco mais à solda, até que se tornem unidos na mente como o "A, B, C". No terceiro dia, aprenda um terceiro verso, da mesma forma, e depois revise os três. Continue assim por, digamos, um mês, cada dia acrescentando um novo verso aos anteriores. Mas revise-os constantemente, do começo ao fim.

Você será capaz de fazer com que eles fluam como as letras do alfabeto, de "A" a "Z", se revisar de maneira adequada e com frequência suficiente.

Depois, se puder dispensar o tempo, comece o segundo mês aprendendo *dois versos* por dia e acrescentando-os aos que os precedem, com revisões constantes e fiéis. Você descobrirá que consegue memorizar dois versos no segundo mês com a mesma facilidade com que decorava um no primeiro. Sua memória foi treinada até esse ponto. E, assim, você pode avançar mês a mês, acrescentando um verso extra à sua tarefa diária, até não ser mais capaz de dispender tempo para o trabalho todo ou até que se sentir satisfeito com o que realizou. Use a moderação e não tente se tornar um fenômeno. Evite o excesso de treinamento. Após ter memorizado o poema inteiro, comece com um novo, mas não se esqueça de recuperar o antigo em intervalos frequentes. Se achar impossível adicionar o número necessário de versos novos, em razão de outra ocupação, etc. não deixe de continuar seu trabalho de revisão. O exercício e a revisão são mais importantes do que a mera adição de um monte de versos novos.

Intercale os versos ou poemas com seleções em prosa. Você verá que os versículos da *Bíblia* são muito bem adequados para tal exercício, pois se prestam facilmente ao registro na memória. Shakespeare pode ser usado de modo proveitoso nesse trabalho. O *Rubaiyat*, de Omar Khayyam, ou a *A dama do lago*, de Scott, ou *A canção celestial* ou *Luz da Ásia*, ambos de Edwin Arnold, se mostrarão bem apropriados a esse sistema de memorização; pois cada um deles têm versos capazes de "grudar na memória" e são poemas suficientemente longos para satisfazer as exigências até do estudante mais ambicioso. Olhando para o poema completo (qualquer dos mencionados), pareceria quase impossível que alguém fosse capaz de memorizá-lo e recitá-lo do começo ao fim, com perfeição nas mínimas letras. Mas, com base no princípio do gotejamento contínuo de água desgastando a pedra, ou na bola de neve aumentando a cada rolada, essa prática de associar um pouquinho ao que já se possui, logo lhe permitirá acumular um estoque maravilhosamente grande de versos, poemas e recitações memorizados. É uma demonstração real das palavras cativantes da canção popular que informa: "Cada pouquinho, adicionado ao que você já tem, resulta em um pouquinho mais".

Depois de adquirir uma grande variedade de seleções memorizadas, você descobrirá que é impossível revisá-las todas de uma vez; mas deve assegurar-se de revisá-las todas de tempos em tempos, não importa quantos dias possam decorrer entre cada revisão.

O estudante que se familiarizou com os princípios dos quais depende a memória, conforme dados nos capítulos anteriores, logo verá que os três princípios de atenção, associação e repetição são empregados no método natural recomendado aqui. A atenção deve ser dada a fim de se memorizar cada verso num primeiro momento; a associação é empregada na relação criada entre os versos antigos e os novos; e a repetição é aplicada pela revisão frequente, que serve para aprofundar a impressão da memória cada vez que o poema é repetido. Além disso, o princípio do interesse é invocado, no progresso gradual feito e na realização do que, a princípio, parecia uma tarefa impossível – o elemento do jogo é, assim, fornecido, o que serve de incentivo. Esses princípios combinados tornam esse método ideal, e não é de se admirar que a raça humana o tenha reconhecido como tal desde os primórdios dos tempos.

Como se lembrar de livros, peças, contos, etc.

Nos capítulos anteriores, demos sugestões para o desenvolvimento das principais formas de memória. Mas ainda existem outros aspectos ou formas de memória que, embora caiam na classificação geral, podem ser considerados dignos de consideração especial. Por exemplo, podem ser dadas sugestões a respeito da memorização do conteúdo dos livros que você lê, das histórias que ouve, etc. E, por isso, achamos aconselhável dedicar este capítulo à consideração dos vários aspectos da memória que foram "omitido" dos anteriores.

Muitos de nós não lembramos das coisas importantes nos livros que lemos; e, muitas vezes, somos atormentados por nossa ignorância a respeito do conteúdo literário de autores importantes, ou de romances populares, que, embora, tenhamos lido, não conseguimos imprimir nos registros de nossa memória. É claro que precisamos começar por lembrar-lhe da sempre presente necessidade de interesse e atenção – não conseguimos escapar desses princípios da memória. O problema com a maioria das pessoas é que leem livros "para matar tempo", como uma espécie de narcótico ou anestésico mental, em vez de fazê-lo com o propósito de obter algo benéfico deles. Por esse caminho, não apenas perdemos tudo o que pode ser de importância ou valor no livro, mas também adquirimos o hábito da desatenção e da leitura descuidada. A alta incidência do hábito de ler muitos jornais e romances baratos é responsável pela aparente incapacidade de muitas pessoas de absorver e lembrar, de forma inteligente, o conteúdo de um livro que "vale a pena", quando por acaso leem tal coisa. Mas, ainda assim, mesmo o leitor mais descuidado pode se aperfeiçoar e se curar do hábito da desatenção e da leitura descuidada.

Noah Porter diz: "Nós não *lemos* um autor até vermos seu objeto, seja qual for, como ele o *viu*". E, também: "Leia com atenção. Essa é a regra que tem precedência sobre todas as outras. Ela se dá em várias orientações menores. Na verdade, abrange todos elas, e é a regra de ouro [...] A página deve ser lida como se jamais fosse ser vista uma segunda vez; o olho mental deve ser fixado como se não houvesse outro objeto em que pensar; a memória deve agarrar os fatos como uma morsa; as impressões devem ser recebidas distinta e nitidamente". Não é necessário, nem aconselhável, tentar *memorizar* o texto todo de um livro, exceto, talvez, algumas passagens que pareçam dignas de ser entesouradas palavra por palavra. A principal coisa a ser lembrada sobre um livro é seu *significado*: Do que se trata? Em seguida, pode vir o esboço geral e os detalhes da história, do ensaio, do tratado ou do que quer que seja. A pergunta que você deve se fazer após a conclusão do livro, ou após completar alguma parte específica dele, é: Qual era a ideia do escritor? O que ele quis dizer? Pegue a *ideia* do autor. Ao assumir essa atitude mental, você praticamente se coloca no lugar do escritor e, assim, *participa* da ideia do livro. Dessa forma, você o vê de dentro e não de fora. Você se coloca no centro da coisa, em vez de em sua periferia.

Se o livro for uma história, de fato ou ficção, biografia, autobiografia ou narrativa, ser-lhe-á valioso visualizar seus acontecimentos à medida que o relato se desenrola. Isto é, empenhe-se para formar ao menos uma tênue imagem mental dos eventos relacionados, de modo a vê-los "com os

A consciência de que lhe será requisitada a descrição de uma coisa, dará a ela o tempero do interesse ou da necessidade, que, de outra forma, talvez lhe faltasse.

olhos da mente" ou com a imaginação. Use sua imaginação em conexão com a leitura mecânica. Dessa forma, você constrói uma série de imagens mentais, que ficarão impressas em sua mente e serão lembradas do mesmo modo que as cenas de uma peça que testemunhou, ou de um evento real que viu, apenas menos distintas, é claro. Particularmente, você deve se esforçar para formar uma imagem mental clara de cada personagem, até que todos sejam dotados de, pelo menos, uma aparência de realidade para você. Com isso, comunicará naturalidade aos acontecimentos da história e obterá um novo prazer na leitura. Claro, esse plano o fará ler mais devagar, e muitos contos baratos deixarão de interessá-lo, pois não contêm os elementos reais do interesse – mas isso não é perda, é inegavelmente um ganho para você. Ao final de cada leitura, reserve um tempo para revisar mentalmente o progresso da história; deixe os personagens e as cenas passarem diante de sua visão mental, como em uma imagem em movimento. E, quando o livro estiver finalmente concluído, revise-o como um todo. Seguindo esse curso, você não apenas adquirirá o hábito de lembrar-se facilmente dos contos e livros que leu, mas também alcançará muito prazer em reler as histórias queridas em sua imaginação, anos depois. Descobrirá que seus personagens favoritos assumirão uma nova realidade para você; eles se tornarão velhos amigos em cuja companhia pode se divertir a qualquer momento, e aos quais pode dispensar quando lhe cansarem, sem que ninguém se ofenda.

No caso de tratados científicos, ensaios, etc. você pode seguir um plano semelhante, dividindo o trabalho em pequenas seções e revisando mentalmente o *pensamento* – não as palavras – de cada parte, até apropriar-se delas; e, depois, ao adicionar novas seções à sua revisão, você pode gradualmente absorver e dominar o trabalho inteiro. Tudo isso requer tempo, labor e paciência, mas seu gasto será recompensado. Você descobrirá que esse plano logo o deixará impaciente com livros de pouca importância, e o levará aos melhores livros sobre qualquer assunto. Começará a relutar em conceder seu tempo e sua atenção a livros quaisquer que não sejam os melhores. Mas, com isso, você ganha.

A fim de familiarizar-se totalmente com um livro, você deve, antes de lê-lo, inteirar-se de seu caráter geral. Para fazer isso, deve prestar atenção ao título completo e ao subtítulo, caso haja; ao nome do autor e a lista dos outros livros por ele escritos, se vier descrita na folha de rosto, ou na anterior, conforme o usual. Você deve ler o prefácio e estudar cuidadosamente o índice de conteúdo para poder conhecer o campo ou o assunto coberto pelo livro – em outras palavras, empenhe-se para obter o quadro geral do livro, o qual você poderá, posteriormente, preencher com os detalhes.

Ao ler um livro de grande importância, você deve fazer questão de compreender plenamente o significado de cada parágrafo antes de passar para o seguinte. Não deixe nada passar sem você ter entendido, pelo menos, de forma geral. Consulte no dicionário as palavras que lhe forem desconhecidas, a fim de conseguir compreender a ideia que se pretende expressar. Ao final de cada capítulo, seção e parte, você deve revisar o que leu, até ser capaz de formar uma imagem mental das ideias gerais neles contidas.

Aos que desejam relembrar as produções dramáticas a que assistiram, diríamos que os princípios acima mencionados podem ser aplicados tanto a esta forma de memória como à memória de livros. Interessando-se em cada personagem conforme ele aparece, estudando cuidadosamente cada ação e cena, depois revisando cada ato nos intervalos, e, por fim, revisando a peça inteira após voltar para casa, você fixará a peça inteira, como uma imagem mental completa, nos registros de sua memória. Se houver se familiarizado com o que acabamos de dizer a respeito da recordação do conteúdo de livros, você poderá modificá-lo e ajustá-lo com o objetivo de relembrar peças e produções dramáticas. Você descobrirá que, com quanto mais frequência revisar uma peça, mais claramente se lembrará dela. Muitos detalhezinhos negligenciados a princípio entrarão no campo da consciência e se encaixarão em seu devido lugar.

Sermões, palestras e outros discursos podem ser lembrados ao lhes conferir interesse e atenção, tentando compreender cada ideia geral proposta e observando a passagem de uma ideia para outra. Se praticar isso algumas vezes, descobrirá que, ao revisar o discurso – e isso você deve sempre fazer,

Ao ler um livro de grande importância, você deve fazer questão de compreender plenamente o significado de cada parágrafo antes de passar para o seguinte.

pois é a forma natural de desenvolver a memória –, os detalhes virão à tona e se encaixarão no devido lugar. Nessa forma de memória, o importante é treiná-la com exercícios e revisão. Descobrirá que, a cada revisão de um discurso, você terá feito progresso. Com a prática e o exercício, a mentalidade subconsciente trabalhará melhor e mostrará que está respondendo às novas responsabilidades. Você permitiu que sua memória dormisse durante os muitos discursos que ouviu, e deve aprender novos hábitos. Faça-a saber que se espera que ela retenha aquilo que ouve, e, então, exercite-a frequentemente por meio de revisões de discursos; você ficará surpreso com o grau do trabalho que ela executará. Você não apenas se lembrará melhor, mas também *ouvirá* melhor e de forma mais inteligente. O subconsciente, sabendo que mais tarde será chamado a se lembrar do que lhe está sendo dito, exortará você a conceder a atenção necessária para supri-lo com o material adequado.

Com aqueles que já tiveram dificuldade em relembrar discursos, insistimos que comecem a assistir a palestras e outras formas de oratória com o claro propósito de desenvolver essa forma de memória. Dê à mentalidade subconsciente o comando positivo de que deve prestar atenção ao que está sendo dito e registrá-lo de tal modo que, quando for revisar o discurso posteriormente, você receba uma boa sinopse ou resumo daquilo. Você deve evitar qualquer tentativa de memorizar as *palavras* do discurso – seu objetivo é absorver e registrar as *ideias* e pensamentos gerais expressados. Interesse, atenção, prática, revisão – esses são os pontos importantes na memória.

Para se lembrar de histórias, anedotas, fábulas, etc., os princípios dados anteriormente devem ser empregados. O principal fator na memorização de uma anedota é ser capaz de captar a *ideia fundamental* subjacente a ela e a frase epigramática ou frase central que constitui o "ponto" da história. Certifique-se de capturá-las perfeitamente e, então, grave o "ponto" na memória. Se necessário, faça um memorando sobre o assunto, até ter oportunidade de revisar a história em sua mente. Em seguida, revise-a mentalmente, deixando que a imagem mental da ideia passe diante de você em revista e, depois, repita-a para si mesmo com as próprias palavras. Ao repassar e revisar a história, você se apropria dela e é capaz de relatá-la posteriormente, como faria com algo que de fato vivenciou. Esse princípio é tão verdadeiro que, quando levado longe demais, dota a história de um falso senso de realidade – quem não conheceu homens que contaram uma história com tanta frequência que eles próprios passaram a acreditar nela? Não leve o princípio a esse extremo, mas use-o com moderação. O problema com muitos homens é que eles tentam repetir um conto muito tempo depois de o terem ouvido, sem uma revisão ou rememoração nesse ínterim. Consequentemente, eles omitem muitos pontos importantes, porque não conseguiram imprimir na memória a história como um todo. Para *conhecer bem* uma anedota, deve-se ser capaz de *ver* seus personagens e incidentes, da mesma forma que quando se vê uma charge num jornal. Se você conseguir criar uma imagem mental de uma anedota, estará apto a lembrar-se dela com facilidade. Os notáveis contadores de histórias revisam e ensaiam suas piadas, e são conhecidos por testá-las com seus amigos desavisados, a fim de obter o benefício da prática antes de contá-las em público – essa prática tem sido chamada pelos palradores de "tentar no cachorro", mas tem seus pontos positivos e suas vantagens. Isso, ao menos, evita a humilhação de ser obrigado a terminar uma longa narração com um: "Er… bem, hum… acho que esqueci como era que a história terminava… Mas era boa!"

Instruções gerais

Neste capítulo, chamaremos sua atenção para alguns dos princípios gerais já mencionados nos anteriores, com o propósito de imprimi-los ainda mais em sua mente, e para que você possa ser capaz de pensar e considerá-los independentemente dos detalhes dos aspectos especiais da memória. Pode ser considerado uma revisão geral de certos princípios fundamentais mencionados no corpo da obra.

PONTO I Dê, ao que deseja memorizar, o maior grau possível de atenção concentrada.

Explicamos o motivo desse conselho em muitas partes do livro. O grau de atenção concentrada conferida ao objeto sob consideração determina a força, clareza e profundidade da impressão recebida e armazenada no subconsciente. O caráter dessas impressões armazenadas determina o grau de facilidade na lembrança e na recordação.

PONTO II Ao considerar um objeto a ser memorizado, empenhe-se para obter as impressões por meio de tantos sentidos e faculdades quanto possível.

A razão para este conselho deve ser evidente para você, se leu cuidadosamente os capítulos anteriores. Uma impressão recebida por meio do som e da visão tem o dobro da força de uma recebida por apenas um desses canais. Você pode se lembrar de um nome, ou de uma palavra, por tê-lo visto escrito ou impresso, ou por tê-lo ouvido; mas, se o *viu e ouviu*, você tem uma dupla impressão e possui duas maneiras possíveis de revivê-la. Você é capaz de se lembrar de uma laranja porque a viu, cheirou, sentiu, provou e ouviu seu nome ser pronunciado. Empenhe-se para conhecer algo a partir do maior número possível de impressões sensoriais – use o olho para auxiliar as impressões auditivas, e o ouvido para auxiliar as impressões visuais. Veja a coisa de todos os ângulos possíveis.

PONTO III As impressões dos sentidos podem ser fortalecidas pelo exercício da faculdade particular por meio da qual as impressões fracas são recebidas.

Você descobrirá que a memória do seu olho é melhor do que a do ouvido ou vice-versa. O remédio está em exercitar a faculdade mais fraca, de modo a elevá-la ao padrão da mais forte. Os capítulos sobre treinamento de olhos e ouvidos o ajudarão nesse sentido. A mesma regra aplica-se aos vários aspectos da memória – desenvolva os aspectos fracos e os fortes cuidarão de si mesmos. A única maneira de desenvolver um sentido ou uma faculdade é treiná-lo, exercitá-lo e usá-lo de modo inteligente. Uso, exercício e prática farão milagres nesse sentido.

PONTO IV Torne sua primeira impressão forte e firme o bastante para servir de base para as subsequentes.

Adquira o hábito de fixar, desde o início, uma impressão clara e forte de algo a ser considerado. Caso contrário, você estará tentando construir uma grande estrutura sobre uma base pobre. Cada vez que revive uma impressão, você a aprofunda; mas, se logo no começo tiver apenas algo vago, as impressões aprofundadas não incluirão detalhes omitidos na primeira vez. É como tirar um negativo bem nítido de uma foto que você pretende ampliar posteriormente. Os detalhes que faltam na imagem pequena não aparecerão na ampliação; mas aqueles que *aparecem* na pequena serão ampliados com a foto.

PONTO V Reviva suas impressões com frequência e, assim, aprofunde-as.

Você saberá mais sobre uma imagem vendo-a alguns minutos todos os dias durante uma semana, do que gastando várias horas diante dela de uma só vez. Assim é com a memória. Ao recordar uma impressão várias vezes, você a fixa de modo indelével em sua mente, de tal forma que pode ser prontamente encontrada quando necessário. Essas impressões são como ferramentas favoritas de que você precisa a todo momento – elas não podem ser perdidas como aquelas que são raramente usadas. Use sua imaginação para repassar algo que deseja lembrar. Se estiver estudando algo, perceberá que esse repassar na imaginação ajuda-lo-á substancialmente a revelar as coisas das quais você não se lembrava. Reconhecendo, assim, os pontos fracos de sua memória, você pode conseguir pegar os detalhes que faltam quando estudar um objeto da próxima vez.

PONTO VI Use sua memória e deposite confiança nela.

Uma das coisas importantes no cultivo da memória é o uso real dela. Comece a confiar-lhe um pouco de coisa, então mais e depois ainda mais, e ela estará à altura do desafio. O homem que precisa amarrar um barbante no dedo para se lembrar de certas coisas, logo começa a deixar de usar a memória e, no final, se esquece de se lembrar do barbante ou para que servia. Existem muitos detalhes, é claro, com os quais é tolice sobrecarregar a memória, mas nunca se deve permitir que ela caia em desuso. Se tiver uma profissão em que o trabalho é feito por ajudas mecânicas, então você deve exercitar a memória aprendendo versos, ou outras coisas, a fim de mantê-la em prática ativa. Não permita que sua memória atrofie.

PONTO VII Tantas associações para uma impressão quanto possível.

Se você estudou os capítulos anteriores, reconhecerá o valor deste ponto. Associação é o método de indexação e referência cruzada da memória. Cada associação torna mais fácil se lembrar ou recordar da coisa. Cada associação lhe dá outra corda para seu laço mental. Empenhe-se para associar um novo pedaço de conhecimento a algo já conhecido e familiar para você. Desta forma, para evitar o perigo de ter a coisa isolada e sozinha em sua mente – sem rótulo, ou número de indexação e nome –, conecte seu objeto ou pensamento a ser lembrado com outros objetos ou pensamentos, pela associação de contiguidade no espaço e tempo e por relação de tipo, seja similaridade ou oposição. Algumas vezes essa última é muito útil, como no caso do homem que disse: Smith me lembra muito Brown – ele é tão *diferente*. Você, com frequência, será capaz de se lembrar de algo por lembrar-se de outra coisa que aconteceu no mesmo lugar, ou por volta do mesmo tempo; essas coisas lhe dão as "pontas soltas" da recordação, por meio das quais pode desenrolar o novelo da memória. Da mesma forma, muitas vezes alguém é capaz de se lembrar de nomes por percorrer lentamente o alfabeto, com um lápis, até a visão daquela primeira letra maiúscula do nome trazer a memória das que a seguem – isto, no entanto, somente quando o nome foi previamente memorizado pela *visão*. Do mesmo modo, as primeiras notas de uma seleção musical permitirão que você se lembre da melodia inteira; ou as primeiras palavras de uma frase, de todo o discurso ou seleção que as segue. Ao tentar lembrar-se de algo que lhe fugiu, será útil pensar em alguma coisa associada a isso, mesmo que remotamente. Um pouco de prática lhe permitirá recordar da coisa ao longo das linhas da mais tênue associação ou pista. Alguns homens são peritos detetives de memória, seguindo este plano. A "ponta solta" na memória é tudo de que o especialista precisa. Quaisquer associações fornecem essas pontas soltas. Um fato interessante e importante a lembrar com relação a isso é que, se você tiver algo que tende a escapar de sua memória, pode contrabalancear o problema tomando nota das coisas associadas que anteriormente serviram para trazê-lo à mente. A coisa associada, uma vez observada, pode depois ser usada como uma ponta solta pela qual desenrolar o fato ou impressão fugidios. Essa ideia de associação é bastante fascinante quando você começa a empregá-la em seus exercícios e trabalhos de memória. E você encontrará muitos pequenos métodos de usá-la. Mas sempre use a associação natural e evite a tentação de buscar amarrar sua memória com o emaranhado dos sistemas artificiais.

PONTO VIII Agrupe suas impressões.

Esta é apenas uma forma de associação, mas é muito importante. Se você conseguir organizar suas porções de conhecimento e fato em grupos lógicos, sempre será o mestre de seu assunto. Ao associar seu conhecimento a outros nas mesmas linhas gerais, tanto por semelhança quanto por oposição, você será capaz de encontrar aquilo de que precisa exatamente quando precisa. Napoleão Bonaparte tinha uma mente treinada nessas linhas de pensamento. Ele dizia que sua memória era como uma grande caixa com pequenas gavetas e escaninhos, nos quais arquivava suas informações de acordo com o tipo. Para fazer isso, ele usava os métodos mencionados neste livro de comparar o novo com o antigo, e, então, decidir em qual grupo aquilo naturalmente se encaixava. Isso é em grande parte uma questão de prática e jeitinho, mas pode ser adquirido por um pouco de reflexão e esmero, auxiliados pela prática. E isso compensará bem a dificuldade que se teve em adquiri-lo.

A tabela a seguir será útil na classificação de objetos, ideias, fatos, etc., de modo a correlacioná-los e associá-los a outros semelhantes. A tabela deve ser usada na linha de perguntas dirigidas a si mesmo a respeito do que está sendo considerado. Ela se parece um pouco com a tabela de perguntas dada no capítulo XVII deste livro, mas tem a vantagem da brevidade. Memorize-a e use-a. Você ficará encantado com os resultados, após pegar o jeito de aplicá-la.

TABELA DE PERGUNTAS Faça a si mesmo as seguintes perguntas sobre o que está sendo considerado. Isso trará para fora muitos conhecimentos e informações associados em sua mente:

1. O QUÊ?
2. DE ONDE?
3. ONDE?
4. QUANDO?
5. COMO?
6. POR QUÊ?
7. PARA ONDE?

Conquanto as sete perguntas acima lhe sejam dadas como um meio de adquirir impressões e associações claras, elas também servirão como uma chave mágica para o conhecimento, se usá-las de forma inteligente. Se você conseguir responder a essas perguntas com relação a qualquer coisa, saberá muito sobre esse item em particular. E, depois de respondê-las por completo, restará pouquíssimo de conhecimento não expresso a respeito dessa coisa em sua memória. Teste usá-las em algo; você não conseguirá entendê-las de outra forma, a menos que tenha uma imaginação muito boa.